英語のユーモアを磨く

村松増美

角川oneテーマ21

目　次

第1章　ユーモアの効用

1. ユーモアはコミュニケーションのスパイス　8
ユーモアには市民権がある／聴かせるためのユーモア／Take My Samurai......Please

2. なぜユーモアが大切なのか　14
場の雰囲気を和らげる icebreaker／overstatement と understatement の効用／過度の謙譲は傲慢に通じる／自分を茶化す self-deprecating humor／自分を茶化すのがうまい人たち／親しいがゆえの bantering／駄洒落とユーモア／身近な the butt of a joke

第2章　知っておきたい欧米人のユーモア感覚

1. 欧米のユーモアを醸成する素地　36
英語の基礎を作ったもの／マザー・グースの七変化／シェークスピア：不朽の名言／ブルータスよ、お前もか

2. こんな場面でもジョークを言う　50
マッカーサーのユーモア／カルザイ氏のファッションとユーモア／英語が下手でも／成績が悪くても／敵が攻めてきても／私が首相になっても／どっちに行っても／危険であっても、苦境の中でも／人類を救うユーモア

第3章　日本人とユーモア

1. 日本人だから使えるユーモア・テクニック　68
LとRの区別ができないことをネタにする／日本のことわざをそのまま英訳／日本笑い学会と国際ユーモア学会／インターナショナルな「目黒のさんま」／「ふんどしがいじめるよ」／ジョークを言わないユーモア／嘘もユーモア／名スピーチのユーモア／避けるべきユーモア

2. ユーモア感覚を磨こう　87
映画はユーモアのテキスト／ウェールズの山を守れ／carpe diem／君の瞳に乾杯／お勧めの映画はこれ！／引用句辞典は名文句の宝庫／『ニューズウィーク』と『タイム』／日本人の苦手な食卓での会話／日本食についておもしろく語る／こんにゃくのテクスチャー／食事中のボキャブラリーとマナー

第4章　今日から使えるジョーク集

1. 家族のジョーク　116
子どもと孫／夫と妻、そして姑

2. 男女のジョーク　122
遠くて近きは男女の仲？／男性か？　女性か？／「神様」は、男性か女性か？

3. 政治家・官僚のジョーク　　138
　　笑いでお上を斬る／古今東西のアイロニー

4. 弁護士・銀行家のジョーク　　149
　　Lawyers and Other Reptiles／世界に冠たる日本の「サッカン」

5. 社会風刺のジョーク　　162
　　笑いのパワー／ジョークは世に連れ、人に連れ

6. 通訳・翻訳のジョーク　　184
　　笑ってください／Time flies.／幻のジョーク

7. 言葉遊びのジョーク　　192
　　なぞなぞ／girlfriend が変わった！／おもしろ番外編

あとがき　199

▶第1章
ユーモアの効用

1. ユーモアはコミュニケーションのスパイス

ユーモアには市民権がある

　欧米をはじめとする多くの国々では、ユーモアがコミュニケーションの潤滑油（lubricant）または香辛料（spice）として位置づけられ、市民権（citizenship）を持っています。特に大勢の人びとに語りかける立場にある人たち、指導者と呼ばれる人たちにとって、聴き手の注意を引きつけ、心を捉えるための手段としてのユーモアは、語るメッセージの内容に次いで、いやしばしば内容と同等に、重要なものと見なされています。内容がいかによくても、聴かせなければ効果はあがりません。それゆえ、とりわけ政治家にとっては、ジョークは単なる「笑いごと」ではないのです。

　しかし今では、ビジネスの世界でも同じです。また、教育の場でも然りです。笑わせる（少なくとも時々は）先生には、生徒も居眠りせずに耳を傾けます。

　一方、日本の社会では、ユーモアは親しい友人の間でのおしゃべり、同窓会、コンパ、二次会などのきわめて私的な場でしか日の目を見ません。また、外部の人にはわからないような、駄洒落の応酬が多いようです。したがって、海外の人たちからは日本人にはユーモアがない、と思われがちなのです。

第1章　ユーモアの効用

聴かせるためのユーモア

　私が同時通訳という道に入ったのは、もう半世紀近くも前のことです。今はもう第一線から退きましたが、長年、英語と日本語の同時通訳や逐次通訳、またときには「ささやき通訳（同時通訳設備がないときに通訳者が聴き手の耳元でささやく通訳方式、whispered interpretation）」を通じていつも関心を持ってきたことは、語られることの内容以上に、聴かせるため、説得するため、居眠りされないために、いかに巧みにユーモアを活用するかということでした。
「すべての優れたジョークには、必ず『一抹の真実』がある」と言われます。実際、優れたユーモアやジョークには、必ず何か訴えるもの、心を動かすものがあり、笑いとともに聴衆を引きつけないではおれません。私は同時通訳の現場で、そのような事例を無数に見てきました。
　たとえば、海で客船が沈み（タイタニック号を連想してください）、数に限りのある救命ボートに皆が先を争って乗り込もうとしたとき、様々な国籍の乗客たちに救命衣をつけて海に飛び込むよう説得するには何と言えばいいかという有名なジョークがあります。

　　英国人には「紳士でしょう？」で十分です。
　　命令・規律を尊ぶドイツ人には「船長の命令だ」と言えば、飛び込んでくれます。
　　逆に規則や権威を嫌うイタリア人には「飛び込むの

は規則違反ですよ」と、実利をとるアメリカ人には「ご心配なく、生命保険をたくさんかけてありますよ」と言います。
　そして、集団志向の日本人には「皆さん、飛び込んでおられるようですよ」とそっと耳元にささやけばいい。

　このジョークを聞いた人は、日本人をはじめとして、みんな笑います。というのも、それぞれの国民性が見事に戯画化（caricaturize）されているからなのです。

　もし皆さんが「ジョークを理解していなくても、ニコニコと笑っているのが日本人」という皮肉を耳にされたら、こう言ってはどうでしょうか。
「日本人は和を尊ぶので、一応ここではニコニコとしておき、あとで会議を開いて、みんなで笑うべきかどうか決めます」と。
　ユーモアにはユーモアで応酬する日本人は、国際社会から歓迎されることでしょう。「あとで会議を開いて、おもしろいと全員の意見が一致したら、一斉に声を揃えて笑うのです」と言って、世界の人たちを「かつぐ」のは、おもしろいですよ。

Take My Samurai......Please

2000年7月、「国際ユーモア学会」（The International

第1章　ユーモアの効用

Society for Humor Studies）の年次大会が大阪・関西大学千里山キャンパスで開催されました。この国際会議を日本に招致して、企画・組織・運営をしたのは、大阪に本部を置く「日本笑い学会（The Japan Society for Laughter and Humor Studies）」です。私はこの学会の理事・関東支部長を務めています。

「日本でユーモアの国際会議とは珍しい」というので、米国紙ワシントン・ポストの東京支局長が、わざわざ大阪まで取材に来て、記事が写真付きで大きく報道され（2000年8月1日付）、そのときの見出しが、"Take My Samurai……Please" でした。

　手前味噌になりますが、この記事の見出しに「サムライ」が使われた一因は、私の発言にあったようです。私が座長を務め、またパネリストのひとりとして参加したある部会で、日本人が世界からはユーモアのある国民とは見られていない理由について話す機会があり、「日本人のユーモア──あるのだろうか、ないのだろうか」という演題で次のような発表をしました。

　江戸時代の武家階級は、庶民よりはるかに偉いのだというイメージを作り出すためにおよそニコリともしようとしませんでした。それを庶民は、「武士は三年片頬」と言って笑っていたのです。

「武士たるものは、笑うなどは3年に一度でよい、それも片方の頬で笑えばよい」を、

> "It is enough for a samurai to smile once in three years, and with only one cheek."

と説明しました。それが支局長の記憶に残っていたのでしょう。

　見出しの"Take My Samurai"は、「このサムライがね」という、ジョークを語り始めるときの言葉ですが、なぜ"…….Please"と続くのかがわからなかったので、学のあるアメリカの友人に尋ねました。すると、戦前のアメリカのある喜劇役者がラジオコメディーや舞台で、"Take my wife…"（私の女房の場合……）と言ってから、ちょっと間を置いて"…Please."と付け加えたために、「私の女房を連れて行ってください……連れ戻さなくていいですから」という、いわば恐妻家のセリフになり、このジョークが大受けしたのだと説明してくれました。

　くだんの記事の書き出しは、こんな調子です。

> Try as it might, Osaka is not a very funny place. It's in Japan, after all.

（どう考えても、大阪はあまりおもしろいところではない。何といっても日本の一部だし）

　そして、「厳しい表情のサムライのイメージは、日本文化の象徴、アイコンだ」と続きます。独特の笑いの文化を持つ大阪も、海外から見ればやはり日本というまじめな国

の一部なのでしょう。

　これは実にユーモアに満ちた、読者の目を引きつけるタイトルです。考えてみたら、この見出しに、SamuraiではなくJapanやJapaneseを使ったら、読者はどうせまた日本の総理大臣が代わったくらいのニュースかと思い、記事を読まないのではないでしょうか。

　大阪は「お笑い」文化の中心ですが、日本はおもしろい（funny）国ではないという先入観から、大阪も同じだと見られているのです。

2. なぜユーモアが大切なのか

場の雰囲気を和らげる icebreaker

　日本ではパーティなどのスピーチで「ご指名でございますので」と言うのが、謙虚さを示す、いわば信号（signal）になっています。

　では英語で、"Because I have been nominated..." などと言うでしょうか。言いませんよね。

Thank you, Mr. Chairman, for your kind introduction.
（議長、ご紹介をありがとうございます）

というふうに、紹介者に仁義を切るのが決まりです。これが、「翻訳」ではなく、同じ状況だったら英語で何と言うだろうかと考えてしゃべるよい例です。

　その次です。いきなり本論に入るのは、ほとんど規則違反です。まずその場の雰囲気を和らげること、聴き手をくつろがせ、話に引きつけるようなことを言わなければいけません。これを英語では icebreaker と呼びます。語り手と聴き手の間に介在するよそよそしさを打ち砕き、文字通り冷たい氷を割って前へ進む「砕氷船」（icebreaker）なのです。

第1章　ユーモアの効用

　そこにユーモアの役割があります。逸話や最近の体験談、ジョークなどをさりげなく話す。ただしそれは、これから語ったり強調したりする趣旨に関連し、さらに補強するものである必要があります。どんなに話自体がおもしろくても、「何のためにそのジョークを語ったのだろうか？」と不思議がられるようでは逆効果です。

overstatementとunderstatementの効用

　私は戦争と平和について強い関心を持っていて、著書でも「戦争は子どもの健康に悪い」という表現を取り上げています。どういうことだと思いますか。

　ユーモアをもって効果的に人の耳目をひくには、大げさに言うか、控えめに言うかの2つの方法があります。まともに言っても効果は少ない。「戦争は地球を破壊する」と言うか、「戦争は健康に悪い」と言うかです。

　ベトナム戦争で、ナパーム弾という焼夷弾(しょういだん)を用いて1つの村を完全に焼きつくすひどい戦法が使われていたころ、反戦スローガンを壁にスプレーで書くのがはやりました。graffitiと言います。これはイタリア語で「いたずら書き」の意味です。そのグラフィティに、

War is unhealthy for children and other living things.
（戦争は子どもや他の生き物の健康に悪い）

というのがありました。「はてな」と思わせて人をたたずませます。誇張（overstatement）だけでなく、滑稽なまでの控えた表現（understatement）もユーモアなのです。

過度の謙譲は傲慢に通じる

　かつて駐日大使だったモンディールさんが再来日されたときのこと。大使としてはきわめて地味な方で、在任中はどちらかというと目立つほうではありませんでした。アメリカの駐日大使には、マンスフィールドさんという超大物（あの人の寡黙なユーモアが私は大好きでした）や、ライシャワーさんのような学者がいました。

　そのモンディールさんが記者会見で質問を受けました。「歴代の駐日米国大使の中には立派な外交官もいましたが、しばしば外交官でない、プロフェッショナルではない人たちがおられました。そういう人たちをどう評価されますか。ご自分も含めて」。モンディールさんは「皆、立派な大使でありました」と答え、さらにこう付け加えました。

　　With one exception, and I apologize.
　　（ひとりだけ例外、どうもすみません）

　この応答には会見に出席していた記者からものすごい拍手が送られました。威張らないユーモアなのです。同様な場面で日本人がやりますと、「いやあ、皆さんご立派で、私なんかとても、とても…」といった程度ですね。あまり

印象のいいものではなく、ユーモアにもなりません。過度にへりくだって言うと、かえって目立ちます。

英語には、

Excessive humility is arrogance.
（過度の謙譲は傲慢）

ということわざがあります。たとえば私のように、一応「ベテラン」と言われる同時通訳者が、あまり「大したことはないんですよ」と言うとキザに聞こえ、逆に自慢しているような印象を与えてしまいます。

自分を茶化す self-deprecating humor

ヨーロッパでここ数年、「理想的なヨーロッパ人」というジョークが語られています。

　　As humorous as the German;
　　As good a chef as the Englishman;
　　As gentle a driver as the French;
　　As regimented as the Italian;
　　As generous as the Dutch;
　　As modest as the Spaniard;
　　As sober as the Irish;
　　etc.

ドイツ人のようにユーモアがあり、

イギリス人のように料理が上手で、
フランス人のように運転が静かで、
イタリア人のように規律正しく、
オランダ人のように気前がよく、
スペイン人のように謙虚で、
アイルランド人のようにいつも素面(しらふ)で……

などと続きます。
　これは、それぞれの国民性について、お互いの持っているイメージをすべて裏返しに表現している小噺(こばなし)なのです。そして、互いにそう言い合いながら、笑って楽しんでいる。喧嘩(けんか)にならない。とてもすばらしい状態ですね。間もなく「拡大EU（expanded EU）」となり、旧東欧諸国が加入するため、このジョークも少々手直ししなくてはなりません。
　私たち日本人も、隣人たちと相互の国民性や欠点などを材料にジョークが交わせるようになれば、「戦後」から一歩でも遠くなるのではないかと思います。
　そして、高級なジョークは、相手を茶化しっぱなしにはしません。人を茶化したら、最後に自分を笑いの材料にするのが鉄則です。そこで私は、「理想的な世界市民は？」と問われたら、こう答えることにしています。

As individualistic and quick decision-making as the Japanese.
　日本人のように個人で考えて、すぐ意思決定をする人

第1章　ユーモアの効用

です。

　日本人である私がこう言うと、みんなが愉快に笑います。
　このように自分自身を笑いの対象にするユーモア（self-deprecating humor）は、その前に何を言っても許されます。私は最近何度か、約束の場所に行くと、だれもいないということがありました。1日早かったのです。こんなときは、

　It's a senior moment.
　（それは一瞬シニアになったのです）

と言って自分を笑い、失敗もユーモアにしてしまうことにしています。
　これは、数年前からアメリカで使われるようになった、比較的新しい表現です。高齢者のことはsenior citizen（シニア・シティズン）と言います。つまり、まだ私は「シニア」と呼ばれる老人ではないが、物忘れをしたこの瞬間だけはシニアだと言っているのです。「老人の瞬間」、「瞬間老人」です。私はこれをもじって、

　It's a senior moment. Soon it becomes a senior minute, a senior hour, a senior day, and senior everyday.
　（今は瞬間老人、そして間もなく、1分間老人、1時

間老人、１日老人、そしていずれは毎日老人になるんですよ）

と言っては人を笑わせています。人に言われないうちに自分で自分の高齢化を笑い飛ばすのが、self-deprecating humor なのです。

　講演などで演壇に立ったとき、その前の話者の背が高かったためにマイクスタンドを低くしなければならないときというのは、バツが悪いものです。主催者側のだれかがあわてて登壇してマイクを低くしたり、話者自身がマイクを下げたりしていると、一瞬場内に不協和音が響きます。背の低い私は、よくこれを経験しますが、そんなとき、

I usually have to have the mike lowered for me.
（いつも私のためにマイクを低くしてもらわねばならないのです）

と言って、その場のバツの悪さを笑い飛ばします。

自分を茶化すのがうまい人たち

　クリントン政権で労働長官を務めたライシュ教授も小柄な人でした。報道陣を前にしての第一声が、

Contrary to your impression, I am standing.

（皆さんにはそう見えないかもしれませんが、私は立っているのです）

でした。

　エリザベス女王が、ブッシュ（父）大統領の歓迎挨拶のあとに登壇しましたが、マイクが高すぎて報道カメラマンたちが女王のお顔を写せなかったという珍事がありました。その翌日、連邦議会における女王の演説の第一声は、

I hope that today you can all see me from where you are.
（今日は皆さんのところから私が見えることを希望します）

で、議場は割れんばかりの拍手に包まれました。

　何度も訪日して日本通になったと紹介され、「訪日するようになってから、少しマナーがよくなった、と娘に言われました」と自分を笑いの対象にしたのは、とかく傍若無人とも批判されたことのあるヘンリー・キッシンジャー元米国務長官でした。いつまでも生国ドイツの訛りが抜けず、「私のスピーチは日本語には同時通訳されていますが、英語への同時通訳はありません」と、自分の英語の訛りがひどいことも笑いの対象にしていたものです。

　レーガン元大統領は、「たった今しゃべった自分のスピーチのスペイン語訳に対して拍手しそうになり、恥ずかし

い思いをした」と、外国語が不得手なことをユーモアたっぷりに話していました。

有名人だけではありません。

ユダヤ人は、2000年以上もの昔から差別され、迫害され、殺戮されてきましたが、自分たち自身を笑い、また加害者や為政者を笑い飛ばすことによって耐えてきたと言われています。

　　イスラエル人（つまりユダヤ人）が旅客機に乗りました。通路側の席でしたが、隣と窓際に2人のアラブ人が座っていました。挨拶をしたが返事もしません。

　機が水平飛行に入り、みんな靴も脱いでくつろいだとき、隣のアラブ人が「コークが飲みたいので、前をまたがせてくれ」と声をかけました。ユダヤ人は、「私がもらってきてあげますよ」と答えて立ち上がり、コークを持ってきてアラブ人に渡しました。そのとき彼は、彼の靴の中に、アラブ人が唾をはいていたのに気がつきましたが、黙っていました。

　やがて今度は窓際のアラブ人が、「コークが欲しいから出たい」と言います。ユダヤ人は再び「もらってきてあげますよ」と、立ち上がりました。コークをもらってきて窓際のアラブ人に渡したとき、彼はもう片方の靴に、また唾がはいてあったのに気がつきました！

　ついに怒ったユダヤ人は2人に抗議しました。

第1章 ユーモアの効用

"Why do you always spit in my shoes when I piss in your coke?!!!"
（なんで、私があんたがたのコークに小便を入れるたびに、私の靴に唾をはくんだ！）

このジョークがすばらしいのは、ユダヤ人も、自分たちが相手の嫌がることをしているとわかっているところです。両方がやめればいいことを、いつまでも繰り返している愚かさに、少なくともこのジョークを作ったユダヤ人は、気がついているのですね。私はこの Jewish joke に、ユダヤ人の優秀性、卓抜なユーモア感覚、自虐的ユーモアを語れる寛容さを感じます。

多少ユダヤ人寄りの偏見（bias）があると言われるかもしれませんが、古来から、ユダヤ民族はジョーク、特に自分たちを笑うジョーク（self-deprecating humor）を語ることによって、ユダヤ民族を迫害する強大な他民族に自分たちを理解させるよう努めてきたと言われます。2001年夏、アメリカで開かれた国際ユーモア学会の目玉の発表がこの Jewish joke でした。

なお、このジョークは私なりのジョーク難易度「松・竹・梅」分類では、最難度の「松」です。偏見を助長したり、感情的な議論になったりするおそれがありますので、十二分に注意してください。こうしたデリケートなジョークは、理解することが何より重要で、積極的に使うのはやめておいたほうが無難です。

旧ソ連時代の「小話」（ロシア語でアネクドート）も同じ機能を果たしてきました。
　スコットランド人も同様に自分たちが酒飲みだ、ケチだといったテーマのジョークを、得意そうに生み出して広めています。
　イラン人が、自分たちを茶化すジョークを連日のように作り出し、http://www.jokestan.com というサイトで世界に広めているのを最近知り、私は少しショックを受けました。日本人も気取らず、威張らず、自分たちの弱点を笑うジョークを、どしどし世界に広め、日本人とはこういう国民性なのですよ、とアピールしなければなりません。
　もちろん、日本にもユーモアをうまく使う方々がいらっしゃいます。
　日本の首相が比較的短期間で交代を続けていたころのことです。英語が上手な宮澤喜一元首相が、外国人の大勢いる席で the distinguished former prime minister（前総理大臣殿）と紹介されたときに、ちょっと照れくさそうにはにかんで、

Thank you, Mr. Chairman. There is an oversupply of former prime ministers in Japan...
（議長、ご紹介をありがとうございます。当節、日本では「元総理大臣」が供給過剰でございまして……）

と切り出しました。会場はもちろん爆笑です。経済人の集

まりで、経済通と言われた元首相が、「供給過剰」という経済用語を使って、自分と日本を笑いの種にしたジョークでした。

2002年にノーベル賞を受けた日本人研究者お2人の受賞スピーチが、気取らずに、自分を材料にしたユーモラスなもので、好評をもって迎えられたことは、記憶に新しいところです。

若い田中耕一さんは、

> Don't think I speak English because I read the speech in English. I practiced it twenty times.
> （英語でスピーチを読んだからって、英語がしゃべれると思わないでください。あれは20回も練習したんです）

と、謙虚でした。そして、

> I'm tired of speaking English.
> （英語をしゃべるのはもう疲れました）

と言葉を継いだのです。素朴な英語でしたが、それだけに飾らない人柄が、だれにも好感を与えたようでした。

小柴昌俊博士のスピーチには、田中さんとは対照的に長老らしいユーモアが見られました。原稿を見ずに受賞記念

講演をすませたあと、記者に「なぜスピーチは読まなかったのですか？」と聞かれ、

　There's nothing to read.
（読むことなどないですよ）

と答えておられました。なるほど、自家薬籠中のことなら、原稿なしで話せるのは当然です。
　さらに質問攻めにしようとする記者たちに、笑って、

　I'm an old, retired man.
（もう隠居した年寄りですよ）

と言われたのも魅力的でした。「原稿など読まなくても」というのは、若輩が言ったらいささか尊大に聞こえましょう。小柴先生のような長老格の人にしてはじめて言えることです。
「日本人はユーモア感覚に乏しい」とはよく言われることで、実は日本人自身もそう思いこんでいる向きもありますね。しかし、そんなことはありません。公的な場、国際的な場などでの、ユーモアの使い方がわかっていないだけなのです。このお２人の例でもわかるように、ユーモアとは必ずしも冗談を言うことではなく、虚勢を張らなければ、つまり、くつろいで、謙虚であれば、それ自体がユーモアになり得るのです。

前にも述べましたが、他人を茶化すのではなく、自分や自分たちをジョークの対象にする self-deprecating jokes (humor) または self-effacing jokes (humor) が、一番安全で、かつ品のよいユーモアだということを覚えておきましょう。

親しいがゆえの bantering

「ニュージーランドは、2つの主な島から成り立っています」と聞けば、だれでも北島と南島のことだなと思うでしょう。ところがあるニュージーランド人スピーカーは、

> We consist of the North Island, the South Island... AND the small island to the west called Australia.
> (わが国は北島、南島、そして西側にあるオーストラリアと呼ばれている小さな島から成っています)

と続け、会場を笑いの渦に巻き込みました。

これは一例にしか過ぎませんが、小国ニュージーランドの人たちは、何かにつけて強大な隣国のオーストラリア人を茶化す、結構とげのあるジョークが好きです。第三者には侮蔑的にも聞こえます。しかし、これが一方的なジョークなら軽蔑、差別、侮辱でもありましょうが、おもしろいのは、Aussies（オーストラリア人）も負けじとばかり Kiwis（ニュージーランド人）を晒う（ここでは「笑う」

より「哂う」と書いたほうが感じが出ます）ジョークを連発していることです。いわば完全にreciprocity（相互性）が成立しているのです。そして、だれもこれを個人的に受け止めず、ましてや憤慨したり怒ったりなどせずに、応酬を楽しんでいます。

　ニュージーランド人は、自分たちの国のほうが、洗練されており、知的水準が高いと自負しており、とかくオーストラリア人を見下したがります。昔のことになりますが、当時のロバート・マルドゥーン（Robert Muldoon）首相が、大勢の若いニュージーランド人が職場を求めてオーストラリアに流出する傾向をどう思うかと問われたとき、「心配などしない。両国民の平均知能指数がともに上昇する（raise the average IQ of both countries）から」と即答したのは有名です。ニュージーランドで出来の悪い若者たちがオーストラリアへ移れば、それでオーストラリアの平均IQが高まり（つまり今は相当低い）、残ったニュージーランド人たちはさらにニュージーランドの平均IQを高めるというジョークです。

> What's the difference between yogurt and the Australians?
> （ヨーグルトとオーストラリア人の違いは？）

というジョークもあります。答えは、

Yogurt has culture.
（ヨーグルトには文化、いや酵母菌がある）

culture には「文化」と「酵母菌、イースト」の2つの意味があり、オーストラリアには前者の意味での culture がないと言っているのですね。

よく使われる英語のイディオムで、have a chip on one's shoulder という表現があります。「怒りっぽい」とか「生意気な」の意味です。chip とはポーカー・チップのことで、喧嘩を売る男が自分の肩にチップを乗せ、これを取れるものなら取ってみろと相手に挑戦するときのセリフです。オーストラリア人は Kiwis を生意気な連中と見ているので、こんなジョークが語られています。

What's the definition of a well-balanced Kiwi?
（完全に均衡のとれたニュージーランド人とは？）
——A fellow with chips on both shoulders.
（両肩にチップを乗せた男のことだ）

well-balanced で「バランスのとれた考え方をする」、つまり「常識的な」と、「身体的にバランスのとれた」の両方の意味をかけています。

キウィも負けてはいません。

> What's the definition of a well-balanced Aussie?
> (均衡のとれたオーストラリア人とは？)
> ——He is the bloke with beer in both hands.
> (両手にビールのジョッキを持ったヤツ)

と言って、ビール好きのオーストラリア人をからかいます。今、bloke というオーストラリアの古風な言葉が消え、平板な fellow やアメリカ的な guy にとって代わられつつあることに、私はさみしさを感じます（おせっかいですが）。

こんな調子で茶化し合い、いわば bantering の応酬をともに楽しんでいるのが、この両国関係の成熟した、粋なところです。これを私はタスマン海越しのバンタリング（cross-Tasman bantering）と名付けており、この性格づけを大方の豪・ニュージーランド人の友人たちは、「なるほど」と認めてくれています。兄弟喧嘩（sibling rivalry）みたいなもので、常にその限度を心得ています。

他にも似たように隣人同士でバンタリングが可能な関係がいくつか見られます。アメリカとカナダがしかり、また、過去のしこりはあるとしても、イギリス、スコットランド、アイルランド、ウェールズの人たちの間には、相当程度こうした関係が見られます。しかし、フランスとドイツ間などにはまずありません。

歴史上の違いがあるとはいえ、日本と韓国や中国は、まだこうしたふざけあう関係ではありません。もっと関係が

円熟してきて、過去の詫びるべきところはスッキリと詫びて、時間をかけ、相互に馬鹿話ができるような関係にしていきたいものです。国際ユーモア学会の会員として、こうしたアイデアをときどき発表したところ、多くの会員たちの共感を得ました。

　最後に1つ、警告（caveat）です。AussiesとKiwisが互いをジョークの種にしているときに、その尻馬に乗って、「こんなジョークも知っているよ」とジョークを言うと、彼らは決して第三者が相手を茶化すのをいつまでも笑っていません。機嫌を悪くします。この両国民は、スポーツのときなど特に激しい対決をし、悪口を言い合うくせに、外に対しては必ず団結するのです。

　第三者には侮辱ととられかねない冗談も、それはまさに自分たちの親密さを披露する意味があるのです。これがバンタリングなのです。

　うらやましいですね。私は人が韓国や中国を悪く言うのを聞いても、「いや、立派な国ですよ。日本にとって文化的には先生たちでしたし」と褒めることにしています。

駄洒落とユーモア

「ユーモア」とは駄洒落を連発することだと思っている人がいますが、「駄」洒落は、「洒落」のうちでも「下らない」ものを指します。もっとも何が下らなく、何が下るかは、個人差が大きいですが。私の物差しでは、自分が思いついた語呂合わせ、地口、言葉遊びは、「どうだ、洒落て

いるだろう」と自慢しますが、同じようなことを他人が言うと、「なんだ、下らない駄洒落を」とひがむものです。そこで、「駄洒落とは、他人が先に思いついたもの」という愉快な定義があります。

> 学校で試験があって、家に戻った子供に母親が「よくできた？」と尋ねました。「リンカーンと同じことをしたよ」と答える子供。不審がる母。子供は説明します。
> "I went down in history."

　英語と歴史の知識が少しあると笑える、子供向けのジョークです。went（go の過去形）down in history は、「歴史に名を残した」が普通の意味ですが、「歴史の科目は失敗した」とも解釈できるのです。

　駄洒落と言えば駄洒落ですが、私たち日本人にとっては、英語の勉強になり、ユーモアの一番初歩である語呂合わせ（しかも英語）の勉強にもなるので、下らないとは言えません。

身近な the butt of a joke

　ジョークは、しばしば特定の人たち、国民、人種、宗教、職業などを笑いの対象にします。この対象を、ジョークの butt と呼びますが、この語は「お尻」とか鉄砲の銃座を意味します。つまり、座ったり、銃を握って立ったりする

第 1 章　ユーモアの効用

ときに、いつも地面にぶつけられるところです。だれかがジョークの的にならなければ、

Somebody has to be the butt of a joke.

と言われます。

　ジョークの対象というのは、身のまわりにたくさんあります。一番使いやすいのは、自分の経験、しかも、人が思わずほほえむような失敗談です。あるいは、自分自身、または自分の職業や日本人が、どういうイメージでとらえられているかを知っていれば、それらを笑いの対象にするジョーク（make yourself the butt of the joke）を語るのが、何より簡単なユーモアです。
「どうもジョークがわからない」「ジョークが覚えられない」とおっしゃる方々に申し上げます。自分が何を苦手としているかを率直に認めることが、ユーモアの出発点となります。気取った人、威張る人は、これができません。まずは、自分を笑いの対象にする話をしてみてはいかがでしょうか。自分をくさすだけで、だれも傷つけず、それで人が笑ってくれれば、こんな結構な話はないでしょう。
　ユーモアを語る上で忘れてならないのは、「何がおかしいか」は、人により、土地柄により、お国柄により、千差万別であることです。だからこそ、おもしろいのです。

▶第2章
知っておきたい
欧米人のユーモア感覚

1. 欧米のユーモアを醸成する素地

英語の基礎を作ったもの

　世界で一番ボキャブラリー（vocabulary）の豊富な言葉は英語と言われています。また、英語ほど古くから他言語の影響を受けてきた言葉もないでしょう。ですから、英語の学習には「終わり」はありません（もちろん、これは英語だけに限ったことではなく、他の言語についても同様ですが）。

　文学からの引用も知っておきたいと思います。実際、シェークスピアの作品からの珠玉のような引用（quotations）も日常的によく使われています。今では形を変えて（paraphrase されて）使われるものもあるため、シェークスピアの引用であることに気づかずに使っている人もいるほどです。

　聖書（the Bible）も、個人の信仰とはあまり関係なく、日常の英語にふんだんに引用されます。その言葉の多くは日本語としても定着しています。たとえば、「目からうろこが落ちる」は多くの人が日本か中国の古典からの引用だと思っていますが、実は聖書です。

　新約聖書使徒言行録（The Apostle）9章に「サウロの回心」という一節があります。キリスト教を迫害していたサウロが旅をしていたとき、突然天からの光により倒れ、

しばらくして起き上がってみると目が見えなくなっていました。イエスは弟子のアナニアを、ユダの家にいるサウロのもとに行かせました。アナニアがサウロに手を置き、「主イエスがあなたの目が見えるようにと私を遣わされました」と言うと、たちまち目からうろこのようなものが落ち、サウロは再び目が見えるようになりました（Immediately, something like scales fell from Saul's eyes, and he could see again.）。そしてサウロは洗礼を受け、食事をして元気を取り戻したという話だそうです。サウロとは、後のパウロです。

こうした出所を調べるには、引用句辞典が便利です。上の例で言えば、巻末の key-word index で scale（うろこ）で引けばすぐ出てきます。

余談ですが、数年前の NHK の時代劇で、舞台が元禄時代であったにもかかわらず、武士が「これは、これは、目からうろこが落つる思いでござる」という台詞を吐いたのには、びっくりしました。この時代に聖書の言葉が引用されていたとは考えにくいですね。

マザー・グースの七変化

イギリスの伝承童謡、いわゆる「マザー・グースの唄（うた）」で、日本でもよく知られているものの1つに、「ハンプティ・ダンプティ」があります。

Humpty Dumpty sat on a wall.

Humpty Dumpty had a great fall.
All the king's horses and all the king's men
Couldn't put Humpty together again.
ハンプティ・ダンプティ　へいにすわった
ハンプティ・ダンプティ　ころがりおちた
おうさまのおうまをみんな　あつめても
おうさまのけらいをみんな　あつめても
ハンプティを　もとにはもどせない
（谷川俊太郎　訳）

　伝承童謡としてあまりにも広く普及したため、なぞなぞ（riddle）であることに気づかないほどです。王様の家来が、塀の上に腰掛けていて落っこちたハンプティ（擬人化された卵）を元に戻すことができない理由は子どもにも自明です。

　通常、「国中の王様の馬を集めても」と言われていますが、考えてみると、馬が集まってもどうしようもありません。徒歩の兵士たち（men）なら役に立つかもしれませんが。ここでは、all the king's horses を王様の「騎兵」と考えるのが自然でしょう。men が歩兵で、foot soldier とも呼ばれる兵士。それに対して、馬上で戦う兵士が騎兵です。

　『不思議の国のアリス』の続編ともいうべき『鏡の国のアリス』の中で、ハンプティは、

It's very provoking to be called an egg—
very !

（実に腹立たしい、卵と呼ばれるのは、だな！）

と言っています。自ら認めているように卵であることは否定できません。塀から落ちたハンプティとは、取り返しのつかない破局、終焉(しゅうえん)を予測させます。そして、

She never finished the sentence, for at this moment a heavy crash shook the forest from end to end.

（アリスがまだ言い終わらないうちに森の端から端まで揺るがす大音響が聞こえました）

というわけで、ハンプティ・ダンプティは転げ落ちる運命にあったのです。

話を現代に移しましょう。カール・バーンスタインとボブ・ウッドワードの共著『大統領の陰謀』（All the President's Men）は、ニクソン大統領が退任に追い込まれたウォーターゲート事件の真相を追究しています。英語の題は明らかにマザー・グースの、

All the king's horses and all the king's men

を下敷きにしています（本歌取り(こ)）。いかに盗聴事件を糊

塗しようとしても、歴然たる証拠、多くの証言、何よりも自分でとっておいた録音テープが命取りになりました。

また、"Can Humpty Dumpty be Saved?" というタイトルで、アメリカ外交は破局に来ているのか、果たして修復が可能かを議論しているテレビ番組もありました。

英語で育った人たち、少なくともゆりかごで母親の歌うマザー・グースの童謡を聞いて育ったような家庭の人たちは、"All The King's Men" という書名や、Humpty Dumpty が入ったタイトルを見ただけで、これは「破局」の話だなと理解できるのです。

日本の童謡にも替え歌があるように、「ハンプティ・ダンプティ」にも次々と替え歌が生まれています。「ぽっ、ぽっ、ぽ、鳩ぽっぽ、豆がほしいか、やらねえぞ、世の中そんなに甘くない」の類いで、

All the king's horses and all the king's men had one enormous omelet.
（王様の騎兵みんな、王様の歩兵みんなして特大のオムレツを食べました）

All the king's horses and all the king's men had scrambled eggs for two weeks.
（王様の騎兵も、王様の歩兵も、みんな、2週間スクランブルエッグを食べました）

などが散見されます。
　また、死因についても、

Humpty Dumpty really died from high cholesterol!
(ハンプティ・ダンプティは塀から落ちて死んだのではない、高コレステロールのせいだ)

Humpty Dumpty had too much eggnog to drink.
(エッグノッグの飲み過ぎだ)

Humpty Dumpty was pushed! Well, I saw it on *The X-Files.*
(いや、突き落とされたのだ。「X-ファイル」で見た)

といろいろ憶測されています。また外電によれば、ハンプティはクラックを吸ってハイになったので飛べると思ったとか。いずれにしても「ご冥福を」。

Humpty Dumpty——Rest in pieces!

　墓碑に刻まれる Rest in peace（安らかに眠れ）が、ここでは peace と pieces の語呂合わせで、「バラバラのまま眠れ」となっています。

ハッピーエンドのハンプティ・ダンプティは、実話にあります。甲羅（shell）に深い割れ目を負ったカメを見つけた少年が、ハンプティ・ダンプティと名づけ、2カ月間根気よく治療をして、治してやり、「王様の家来」ができなかったことをやり遂げました。海に放されたこのカメはGPS（Global Positioning System、全地球測位システム）装置をつけてもらい、今でも所在がわかります。救われた海の近くを元気に泳いでいるということです。カメの甲羅も、卵の殻も、英語ではともにshellです。強いて区別が必要なときは、turtle shellやegg shellと言います。

　ハンプティ・ダンプティを元に戻そうとする試みもいろいろあります。長年にわたって、王様の家来たちはバラバラになった巨大な卵人の回復を試みてきましたが、まだ成功していません。ところが最近の新聞発表によると、ワトソン博士とヤノビッツ博士率いる研究チームは、史上初の復元に成功したのです。記者会見で博士らは「騎兵も歩兵も不器用で、最新の顕微鏡手術専門医の助力を仰ぎました。その結果、ハンプティは100％回復したのみならず、以前よりも健康になりました。体内のコレステロールに代えて卵の白身を注入。その上、防腐剤も添加しましたので、長生きしますよ」と答えたそうです。

　そもそも、ハンプティ・ダンプティとはだれを戯画化したのかについては歴史的にいろいろ言われてきました。リチャード三世という説もあります。リチャード三世はバラ戦争の最後の戦場ボズワースフィールドで、敵の刃に倒れ、

めった切りにされたといいます。馬を射られたリチャードは、悲痛な声で、

A horse! a horse! my kingdom for a horse!
（馬をくれ、馬を！　馬のかわりにわが王国をくれてやる！　小田島雄志　訳）

と叫びます。

　アカデミー賞候補になった1995年の映画『リチャード三世』は、時代設定が1930年代の英国で、兵士も兵器も当時のものが出てきます。名優イアン・マッケラン（Sir Ian McKellen）の演じるこの暴君は、乗っているジープ（これはちょっと時代がずれますが）が敵弾に破壊されたときに、前出の「馬をくれ！」と叫びます。最後にリチャードは燃えさかる城の火の中に身を投じますが、そこに流れるのはAl Jolsonの歌う"I'm Sitting on Top of the World"です。歌詞の2番に、

Just like Humpty Dumpty, I'm ready to fall.

とあり、ここでもハンプティ・ダンプティが引用されています。

　ところで、ハンプティ・ダンプティはツルツル頭です。筆者も残り少ない髪を剃(そ)って、よく僧侶か噺家(はなしか)に間違われ

るような坊主頭です。禿(はげ)の利点と言えば、雪の花（雪片）の落ちる音が聞こえることです。

The greatest advantage of being completely bald is you can hear snowflakes falling.

このジョークは、頭髪のない人のみが語る権利をもっており、髪の豊かな人が、そうでない人の前で語るのは、悪趣味で、いわゆる politically correct（付き合い上適切＝PC）ではありません。

PC 的にふざけて言えば、

a hair-impoverished person
a hair-challenged person

となりましょう。もっとも昔から、本人のいないところで、「あの髪の薄い方」と言わねばならぬときは、

the gentleman with a receding hairline
（生え際の後退された方）

という表現が使われていました。

ところで PC とは、1980 年代に現れた「相手が嫌がる呼称などをやめよう」という運動です。たとえば、physically handicapped（身体障害者）の代わりに physically challenged（直訳すると、「肉体的に挑戦を受けている」の意）、disabled の代わりに differently abled（違った能力を持った）のように、次々と言い換えが現れました。

　他には、short（背が低い）を vertically challenged（垂直方向に挑戦を受けている）としたり、視力が弱い人たちを sight-impaired とか、有色人種に対して白人を melanin-impoverished（色素貧困の）と呼ぶなど、いささかふざけた呼称も続出しました。bald（禿げ）はいけないからと hair-impoverished（毛髪貧困の）などと言ったものです。

　この political correctness を「政治的妥当性」などと訳した学者さんがいましたが、もっと平たく大和言葉で「付き合い上、差しさわりのないようにすること」と言ったほうが、意味がよく通じます。今日ではもう PC などだれも口にしませんが、被差別者が不快に思わないような呼称を考える動きを生み出したのは、それなりの功績でした。

シェークスピア：不朽の名言

名前は何と呼ぼうとも、実質は……と言うときに、

What's in a name?
（名前がどうしたというのか）

という慣用句が使われます。これはシェークスピアの悲劇「ロメオとジュリエット」で、仇同士の家柄の息子ロメオ

と娘ジュリエットが、苗字が違うだけで一緒になれないのを嘆いた、ジュリエットの有名な台詞です。

> What's in a name? A rose by any other name would smell as sweet.

　シェークスピアに親近感がない方には珠玉の本、岩波ジュニア新書の『シェイクスピア名言集』（小田島雄志著）をぜひお勧めします。手元に置いていつも参照しているだけで、シェークスピアがぐっと身近に感じられるようになります。ジュニア新書と呼ばれていますが、ビジネスパーソンをはじめ社会人にとっても理想的な入門書です。

　同じ岩波ジュニア新書で、小田島先生の『シェイクスピア物語』は、英語圏の人たちや英語を学ぼうとする人たちに絶好の『Tales from Shakespeare』（Charles & Mary Lamb 著）にも匹敵する本です。

　後者は、ラム姉弟著の『シェークスピア物語』（小学館　中野好夫訳）で邦訳もあります。イギリスのチャールズ・ラムという文学者が姉のメアリーと２人で、少年少女たちのために原典の文学的おもしろさを伝えようという意図で書いた簡易版で、なるべくシェークスピア自身の言葉を使っています。今ではこの本自体が古典文学とされているほどです。

　実は敗戦直後の焼け跡の中、私の中学校の先生が英語の教科書に選んでくれたのが、『Tales from Shakespeare』

でした。Macbethを授業で読んだのですが、

> "When Duncan the Meek reigned king of Scotland, there lived a great thane, or lord, called Macbeth."

で始まる文章には、原作の香気が感じられ、わくわくするようなおもしろい単語もいっぱいありました。その5年後くらいに、通訳をしながら早稲田の第二文学部（昔で言うところの「夜学」）で本物のマクベスに出会ったときは、「あ、僕はこれを知ってる！」という快感を覚えたものです。こうした優れた青少年向けの本を読んでいると、シェークスピア作品の映画や芝居、また、シェークスピアを下敷きにしている作品を観たときに、実によく理解できてうれしくなります。

ブルータスよ、お前もか

英語を聴いているときに、自分の知らない言葉や言い回しは、しばしば耳に入らないことがあります。単に雑音としか聞こえないのです。教養のある人がよく使うラテン語の表現などが、そのよい例でしょう。[meiə kulpə] という音を聞いても、それがラテン語で mea culpa（by my fault の意）であり、「私の過失だ」（I am to blame.）の意味であることを知らなければ、発言の内容をきちんと理解することができません。

この言葉は、本来は神の前における懺悔(ざんげ)の表現ですが、現実にはほとんど俗語のように、「ごめん、私がやっちゃった」といった感じでよく会話に使われていますし、映画の台詞にもたびたび登場しています。

　この程度のラテン語は、大学を出た英語国民ならほとんどの人が知っているのですが、残念ながら、相当英語が上手だと言われる日本人たちでも、さすがにラテン語となると少々弱いのです。ある経済関係のシンポジウムで、この種のラテン語の警句がうまく使われたとき、同時通訳された日本語を聞いていた日本人はみんな笑ったのですが、英語をじかに聴いていたある日本のエコノミストだけは、何がおかしいのかわからず、ひとりキョトンとしていたということがありました。

　知らぬということは恐ろしいものです。しかし、自分が知らぬことに気がつかないことは、もっと恐ろしいことです。知らない言葉は、単なる雑音にしか聞こえないものです。何かを聞き逃したと気がつけば、まだ救いがあるのですが。

Et tu, Brute! (And you, too, Brutus!)
（ブルータスよ、お前もか）

もよく使われるラテン語の成句です。信頼していたブルータスに剣を向けられたときに、シーザーが口にした言葉です。私がワシントンに勤めていた当時のstaff meetingで、

ある幹部の提案を皆が批判したときのこと。きっと支持してくれるだろうと思っていた人物が、とどめの一撃のような反論をしたとき、その幹部が（もちろんユーモアで）"Et tu, Brute!" と言ったことを思い出します。

　使い過ぎるとキザですが、ほどよく用いると、ラテン語やその他の外来語は、文章や会話にピリッとした風味を与え、コミュニケーションが効果的になります。

2. こんな場面でもジョークを言う

マッカーサーのユーモア

「昭和天皇・マッカーサー元帥会見録」が 2002 年 10 月、情報公開法のもと朝日新聞の要請で公開され、各紙の紙面を飾りました。昭和天皇と、通訳を務めた外務省の奥村勝蔵氏の 2 人だけが、東京・赤坂の元帥の宿舎(今は米国大使館)を訪ねたのです。

奥村氏がメモした記録(新聞報道)によれば、最初に挨拶を交わし、そして写真撮影(「三葉ヲ謹写ス」)のあと、ダグラス・マッカーサー連合軍最高司令官が次のように述べたとあります(朝日新聞による)。

「……元帥ハ極メテ自由ナル態度ニテ〔マ〕実際写真屋トイフノハ妙ナモノデパチ々々撮リマスガ、一枚カ二枚シカ出テ来マセン」

あの謹厳・威厳を絵に描いたような「マ元帥」(当時の新聞での略称)ですら、重要な話に入る前には、相手との間の雰囲気を和らげるための、いわゆる icebreaker として、この程度の、ジョークほどでもない軽口 (small talk) は言うものなのだと、認識を新たにしました。

陛下の緊張をほぐしてさしあげるためにというよりは、

自分自身をくつろがせるためだったのかもしれません。
　口火を切ったマッカーサーに対して、陛下は、ごくまじめな口調で「永イ間熱帯ノ戦線ニ居ラレ御健康ハ如何デスカ」と尋ねられ、世間話的に軽口を返すことはしておられません。極度に緊張しておられたであろう昭和天皇にとっては、当然でしょうが。
　この会話は、調べたかぎりではジャパンタイムズなどのメディアには英訳報道されていません。やはり、ジョークは「たかが笑いごと」と考えられているのでしょうか。「笑いごと」は英語で laughing matter と言い、辞書にも「とるに足らないこと、つまらないこと」と否定的な意味で訳されています。しかし、私はそれを「笑う材料」と解釈し、ユーモア感覚を養うためのネタとして活用を勧めています。日本でも朝日新聞以外の各紙が、この「マ元帥」のジョークを伝えなかったのは、たぶん、それに価値を認めなかったからでしょう。コミュニケーションにおけるユーモアの効果や役割を研究する私にとっては、このくだりはけっして「笑いごとではない」のですが……。

カルザイ氏のファッションとユーモア

　アフガニスタン・イスラム移行政権の大統領ハーミド・カルザイ氏は、民族衣装をうまく着こなしていることでも有名です。ファッションハウス、グッチの主任デザイナーが、彼を「最高にシックなおしゃれをする人だ」と褒めたほどです。

頭にアストラカンという小羊の毛皮で作った帽子をかぶり、西洋と一緒にやっていくことを示すための黒い背広を着て、その上にアフガニスタンの緑色を基調としたすばらしい絹のガウンをマントのようにさらっと纏(まと)っています。そして、背広のズボンの代わりに、アフガニスタンの民族衣装で、少しだぶだぶではき心地がよさそうなズボンをはいています。その取り合わせがユニークで大変美的なのでしょう。

　グッチに認められたことを聞いたカルザイ氏は、「これで私はひとつ祖国のためにいいことをした」と言いました。すばらしいユーモアです。「祖国のために私は夜も寝ないで働いているんです」などと言うよりは、ファッションを褒められて、アフガニスタンに注目してもらっただけで、これはプラスアルファだと言ったわけです。

　カルザイ氏が来日し、小泉首相に会った後の会見で、「米百俵の授業は大変参考になりました」と、ちゃんとホスト国の首相を立てて、うまいことを言いました。そして、「もし日本が余剰のお米を全部くださったら、それを売って学校を建てます」とおっしゃったことに、私は深く感銘を受けました。並みの人だったら、「わが国は国家の再建のために人づくりの教育を」と言ったかもしれません。それでは新聞に載らなかったのではないでしょうか。「米百俵を売って学校を建てますよ」。このユーモアで新聞記事になったと思います。

　アフガニスタンはいろいろな地方、部族間の相剋(そうこく)が激し

いようです。非常に武張った国民性で、勇気を重んじる。同時に喧嘩っ早い。どの村へ行ってもみんな武器を持っているのだそうです。ところが、カルザイ氏は、ピストル１つ、ナイフ１つ持たず、昔風に言えば、「身に寸鉄も帯びず」に、どこへでも出向いて、各派の人たちと対話をしています。

カルザイ氏はこう語っています。「私が怒る（I get mad at them.）。そうすると、向こうもかっとなって私のことを怒る。そこで、私は冗談を言う。みんな笑う。話を続ける。それで解決する」と。わが国のリーダーだったら「笑っている場合じゃない」とか「冗談ごとじゃない」と言うでしょう。笑いごとというのは、実は非常に重要で、殺すことより笑うことのほうがよっぽど大事です。

英語が下手でも

フィリピンのエストラーダ前大統領はなかなかの遊び人で道楽人でしたが、庶民の心をつかんだ人でした。日本の田中角栄さんにちょっと似ています。彼は英語が下手なことを恬として恥じず、それをジョークに使っていました。副大統領だった彼が大統領選に出ようとしたとき、

He does not speak English.
（彼は英語がしゃべれない）

という批判の声がありました。すると、エストラーダ氏は、

I speak Tagalog better than anyone else.
（タガログ語だったらだれにも負けない）

と堂々と答えたのです。日本の政界でよく「英語はできないが、日本語ならだれよりも達者だぞ」と言うのと同じです。それで庶民に受ける。英語が下手だということを彼は逆手にとって人を笑わせた憎めない人です。
　エストラーダ氏がニューヨークでアメリカの友人とバーに行ったとき、だれかが、

Scotch and soda.

と注文しました。もうひとりのアメリカ人が、

Me, too.

と言ったのを聞いて、エストラーダ氏が、

Me, three.

と言い、大笑いされたという話があります。
　彼が副大統領のときに「あなたの好きな花は何ですか？」と新聞記者に聞かれました。

My favorite flower is chrysanthemum.

(私の好きな花は菊です)

と答えると、記者に「つづりを教えてください」と言われました。エストラーダ氏はちょっと考えてから、

My favorite flower is rose.
(私の好きな花はバラです)

と答え直したそうです。「クリサンセマム」などつづれないと言う正直さ、それが彼の魅力でした。

　国民がエストラーダ罷免を求めてデモ行進をやっている最中に、だれかが「ちょっと待てよ。エストラーダが大統領を辞めたら、われわれは彼のジョークを聞けなくなるぞ」と言い出し、みんなが「そうだ、そうだ」と回れ右して今度はマラカニアン宮殿へ向かったというエピソードを聞きました。フィリピン人はそういう遊び心を持っています。

成績が悪くても
　レーガン政権が誕生間もないときの記者会見です。

The other day I was asked: how do you want your administration to be remembered? The first thing I thought was I'd rather that you don't have to remember it too soon.

（先日聞かれました。私の政権を、後世でどんな政権だったと記憶してもらいたいかと。すぐに考えたのは、そんなに早くに「記憶される」ようなことにしないでほしいなということ）

　任期が一期だけで終わって、みんなに過去のものと思われる時期が、あまり早く来ませんようにということを、巧みな、しかし平易な表現で、皆を笑わせました。指導者たるもの、こうした事例に数多く触れて、魅力的なコミュニケーションを心掛けてほしいものです。
　ジョージ・W・ブッシュ大統領のユーモアは、ごく庶民的で素朴なユーモアです。彼が名誉博士号（honorary doctor）をもらった大学の卒業式で学生たちにスピーチをしました。「皆さん、卒業おめでとう。Aスチューデンツの皆さん、おめでとう」。そしてこう続けたのです。

　To all "C" students, you can become President.
　（Cスチューデンツの皆さん。あなた方も大統領になれますよ）

　Aは日本で言えば優です。Cは可。つまり本人は成績が悪くてCクラスだったことをみんなが知っていることを前提にして、それでも大統領になれたというユーモアです。これは受けました。

日本の首相にも似たようなスピーチをした人がいました。鈴木善幸氏です。岩手県の漁港の出身で、農林省水産講習所（現　東京海洋大学）の卒業生です。彼がアメリカで最初にスピーチをしたとき、私が通訳をしました。
「私は学生時代、あらゆる科目においてだれよりも優秀でありました」と言ったとき、私はわざと大げさに、

When I was in college, I was an outstanding scholar...

と訳しました。聴衆に「え、ちょっと違うな」と思わせておいて、鈴木氏は続けました。「ただし英語は例外です」。

...in all subjects except in English.

　一瞬で会場は爆笑の渦に巻き込まれました。「ですから信頼する通訳、村松氏を連れてきました」と続いたあのスピーチを、ご本人が考えたかどうかは知りません。側近が考えたのかもしれません。ユーモアがないと思ったらユーモアのある人の意見を借りればいいのです。

敵が攻めてきても
　ニュージーランドは本当にいい国だと思います。国の大きさは日本とほぼ同じです。治安もとてもよいところです。
　最近、1年の間に2回行きましたが、行くたびに軍備縮

小をしています。海軍は、たった2隻しかない砲艦を廃棄処分にしてしまいました。空軍はパイロットを数百人解雇したのです。なぜかと聞いたら、今ある戦闘機ではどうせ早く空へ上がれない、上がっても敵を迎え撃つこともできない。それでは、しょうがないということだそうです。ちょうど民間航空産業が不況のときで、あの9月11日以降だったため、パイロットたちにはかわいそうな出来事でした。しかし、あまり深刻な様子はなく、自殺者が出たという話を聞かないのが日本と違うところだと思いました。

　空軍も陸軍もほぼ撤廃してしまおうかという話が持ち上がったときに、ちょうど東ティモールの紛争が起こったので、さすがにそれはもう少し様子を見ることにしたそうです。

　ニュージーランドの友人に「あなたの国の安全は心配ではないのですか」と聞いたら、「だれもここまで攻めてこないよ。もし間違ってだれか来たら、オーストラリアへお先にどうぞと言うんだ」との答え。のんきな、うらやましい国です。

　かつて、隣国オーストラリアにとっての潜在敵国はインドネシアでした。オーストラリアの軍備はインドネシアに比べてはるかに少ない。「あなたの国、安全は心配ないんですか」とオーストラリアの友人に尋ねたら、「インドネシアが攻めてきたら、オーストラリア西南の何千キロの海岸に上陸したらいいよ。上陸したってだれも気がつかない。新聞にも載らないよ。そのうち食い物がなくなって死ぬ

よ」と言っています。

　ちょっと古い話になりますが、バブルのはじける前、日本がクイーンズランド州やゴールドコーストあたりの土地を次々に買い漁っていた時代がありました。そのときも「日本のクイーンズランド『県』になっちゃう」というような冗談をみんな陽気に言っていました。あのとき私が一番好きだったジョークは、

　　　このペースで日本人がクイーンズランドを買っていると、そのうちわれわれがニュー・サウス・ウェールズ州から州境を越えてクイーンズランドに入るときには、靴を脱がなければならないかもしれない。

というもの。つまり、日本人は家に入るときは靴を脱ぐということを知っているのですね。聞いた瞬間、拍手してしまいました。

　オーストラリア人が、

How are you today?

と言うと、

How are you to die?
（あなたはどうやって死ぬつもりか）

と聞こえるという言い古された冗談がありますが、このように他人様の方言の揚げ足を取るというのは、趣味のよくないジョークで、使うべきではないジョークの代表例です。

今、オーストラリアでもアジア系の移住者や難民が増えています。ベトナム、ラオス、カンボジア、シンガポール、マレーシアと、各国から数多く来ています。

移住してきた人たちというのは、本国でも非常に苦労して、ここで新しく人生を立て直そうと思うため、大人も子どももよく勉強しています。オーストラリア人はそれを見て、われわれはみんなビールばかり飲んでいる、俺も勉強しないけれども、うちの餓鬼も勉強しないな、アジアの人たちは偉いなと思っています。

ベトナムから来た難民でコメディアンになっている方がいて、自分たちアジアの移住者を話の材料にしています。前章で述べた self-deprecating humor（自分を茶化すユーモア）です。

　　ある男が家へ帰ってきてみたら、留守中にこそ泥に
　　入られた。これはベトナム人の仕業だとわかった。犬
　　がいなくなっていたから。

つまり、食べてしまったのです。ある文化においては犬を食べます。決してそれについて悪口は言っていません。これをベトナム人が言う分にはかまいませんが、オーストラリア人がいきなり、「この間、泥棒が入って犬が食べら

れていた」と言うのはよくありません。

　もう1つ、ベトナム人だとわかったのは、子どもの算数の宿題が全部できていたからとか。今度はオーストラリア人が、自分たちは勉強しない、あの人たちは偉いということをこれで示しているのです。

私が首相になっても

　日本記者クラブで開かれる、外国特派員の方々を招いてのパーティに出席したときのことです。インド亜大陸（大陸の端っこの出っ張ったところで、サブコンティネントと言います）からいらっしゃった方に会いました。インド亜大陸と言っても、パキスタンかもしれないし、インドかもしれないし、バングラデシュかもしれない。これを間違えてはいけません。「私がどこから来たかわかるかね」とおもしろがって言う人には、「多分インディアン・サブコンティネント（Indian Subcontinent）の方とお見受けします」と答えると、喜ばれます。

　その方はバングラデシュの駐日大使でした。私は「かつてバングラデシュが独立して間もなく、ムジブル・ラーマン首相が、この日本記者クラブで講演をされたときに通訳をしました。いかにイギリス人がわれわれを植民地にし、虐待し、投獄し、拷問し、虐殺したか、という話を熱烈にされましたね」と話しましたら、そばにいた知人が、「この人はロバート・ケネディも、ジョン・F・ケネディも、インドのラジーブ・ガンディー首相の通訳もしました」と

言ったのです。するとその大使は「私がもし首相になってもあなたに通訳を頼まないよ」と言われました。ラーマン首相を含め、そのとき名前の挙がった政治家は皆、その後、暗殺された方々ばかりだったからです。もちろん、みんなで大笑いしました。

どっちに行っても

これがイギリスのユーモア、こっちがアメリカのユーモアということは一概には言えません。また、イギリスの中でも庶民のユーモアと知識階級のユーモアは相当違います。アメリカの中にも職業別のユーモア、地域別のユーモアがあります。南部には南部の、西部にはたとえばテキサスらしいユーモアがありますし、ミネソタのユーモア、メイン州のユーモアもあります。

メイン州の州民性は口数が少ないことです。寒冷地の住民は口を開くと寒いから、あまりしゃべりません。笑いも素朴な笑いです。

ある旅行者が海岸へ行こうと思って地図を見ると、道が2本あったので、近くにいた農民に尋ねました。
"Excuse me, according to this map, there are two ways to go to Bar Harbor. Does it make any difference which way to take?"
（地図によると、バーハーバーに行くのに、2本の道がありますが、どちらを行くかで違いがあります

か?)
農民は答えました。
"Not to me."(違いないね、私には)

　これもおもしろい、寡黙なユーモアです。これはCBSテレビの名キャスター、チャールズ・キュラルトの著書『Charles Kuralt's America』(本とオーディオ・カセットテープ)で私が一番笑ったくだりです。

危険であっても、苦境の中でも
　アメリカ西部の小さな町の飛行場でのことでした。まだ現役で飛んでいる昔の小さな飛行機がいろいろあり、飛行機好き(aircraft buff)の私はそこの整備員とおしゃべりをしていました。そこでは古い単発の軽飛行機のエンジンをかけるとき、なんと整備員(ときにはパイロット自身)がプロペラを手で回すのです。
「この始動のやり方を、ヘミングウェイ・スタート(Hemingway start)と言うんだよ」と、整備士が教えてくれました。そして両腕で、プロペラを「よいしょ」と回すしぐさをして見せてくれたのです。エンジンが点火した瞬間にすばやく腕を(体を)引っ込めないと、両腕がプロペラにもぎ取られてしまいます。
　ヘミングウェイの名作『Farewell to Arms(武器よさらば)』は、「両腕よ、さらば」でもあるというわけです。
　戦争が、世界中の多くの国々に悲劇をもたらしてきたこ

とは周知の事実です。新潟県の直江津（現、上越市）に戦時中、連合軍捕虜の収容所がありました。その苦境の中を生き抜いたひとり、オーストラリアの青年将校であったジャック・ミューディ氏が、外務省の招きで車椅子に乗って来日しました。ミューディ氏は、車椅子から立ち上がると、当時作った詩を堂々と詠ってくれました。ミューディ氏は詩人だったのです。収容所で、愛する人を思う詩を書き、亡くなった友を弔う詩を作り、皆を励まし過ごしていたのです。しかも耐えがたい苦痛を受けながらも、なんと自分たちの苦境を笑い、すばらしいユーモアのある詩を数々残しています。

　当時、収容所からは、少し腰の曲がった日本の婦人たちが、下肥、つまり人間の排泄物を、柄杓で畑に撒き、農業をしている様子がうかがえました。その様子をミューディ氏は、「われらの出す芳しいものを、背中のバケツに背負って、そして野菜を作ってくれている」と表現したユーモラスな詩を書きました。その詩の題名は「キャリー・オン、ガールズ（Carry on, girls）」。carry on は「どうぞ続けてください」「がんばってください」という意味。そして「ガールズ」というのは「故国の女性たち」を指しています。つまり、「残してきた妻や恋人たちが、今、一生懸命、国で頑張っているのだ」ということを詠っている詩です。さらに「われわれ男どもは日本で今、ちょっと違った状況であるが、がんばっている。そして、日本の婦人たちもまた、ちょっと違った形でがんばっている」と続くのです。

ミューディ氏は、日本の婦人たちのおかげで、自分たちは安心して用を足すことができるということを詠っているのです。そして、その日本のガールズたちは、背中はちょっと曲がっているけど、魅力に溢(あふ)れていると。苦しい状況の中でも、働いている人たちを美しいと思って見てくれている。すばらしいことです。

そして詩は最後に、

Carry on, Nippon girls, carry on!
（日本のご婦人たち、がんばって！）

と結ばれています。戦時中の苦しいときに、このようなユーモアを持ちえた人というのは、やはり強く生き抜いていらっしゃるのですね。

人類を救うユーモア

冷戦終結の立役者であるアメリカのレーガン大統領が、モスクワでゴルバチョフ大統領との軍縮交渉の初会談の印象を次のように表現しました。

I found him disarming.
（私はゴルバチョフさんを非常にdisarmingな方とお見受けしました）

この記者会見をテレビで同時通訳した私は、非常に印象

深く記憶しています。disarm というのは武器を外させると同時に、振り上げた拳(こぶし)を下ろさせるという意味で、disarmament と言えば、軍縮、武装解除であり、相手を魅力でもってくつろがせるということです。したがって、これは、「軍縮」と「魅力的な」の二重の意味をうまく使った、レーガン大統領らしい洒落(しゃれ)だったのです。

　実際にテレビの生放送でこれを同時通訳したときには、「ディスアーミング、つまり、『魅力的』と『武器をなくす』の2つの意味をかけています」というようなことを、ちょっと語調を変えて早口にしゃべり、必要最小限の通訳者の注釈を入れました。これも一種の語呂合わせですから、解説なしには通訳不可能です。

　このように心を捉えるための手段としてのユーモアは、語るメッセージの内容に次いで重要なものなのです。ユーモアは、世界の人々の心の軍縮、武装解除（disarmament）につながるのではないでしょうか。

▶第3章
日本人とユーモア

1. 日本人だから使えるユーモア・テクニック

LとRの区別ができないことをネタにする

　日本人の「英語下手」はまずよく知られていますから、これを材料に「笑いをとる」のはいとも簡単です。

　まず、代表的なのはLとRの発音の区別。日本語には本来この区別がないため、LなのかRなのか、英語で話すときとっさにどちらかわからないことは、間々あります。

　たとえば「シロップ」という言葉。この単語を普段の生活でほとんど必要としていなかった私は、米国生活5年目のとき、「シロップ」をsylupと翻訳しました。それは何かと尋ねられ、ホットケーキにかけるものだと答えたら、それはsyrupだと言われてしまいました。この2つの音の違いは、子ども時代から英語の音に親しんでいない限り、相当難しいものです。特に固有名詞（地名、人名）となると、一層間違いやすくなります。

　私はとっくの昔から、日本人である以上、LとRの音の完全な区別は不可能と割り切り、どちらか不明なときには、謙虚に質問することにしています。

Excuse me, is it R or L? Being Japanese, I'm never sure.

第3章　日本人とユーモア

「すみませんが、日本人なのでおうかがいしますが…」と尋ねると、相手は同情してくれたり、少しゆっくり、はっきり話してくれたりするようになるものです。

　特に厄介なのは、relation（関係）とか relative（親戚、相対的な）など、1つの単語の中にLとRが混在している場合です。ここに私が好きなジョークがありますが、どうも最後の「落ち」（punch line）が、そうした一語に頼っているので、うまく笑いをとれるかどうかが、いつも心配です。

　　天国で5人のインテリが、「人生にとって一番大事なものは何か？」という議論をしていた。まずモーゼが、自分の頭を指差し、「一番大切なのは、ここだ」と、つまり「理性」（reason）だと言った。するとイエス・キリストが、「いや、モーゼよ、それは違う。一番大事なのは、ここだ」と自分の胸を指しました。つまり「愛」（love）だと言ったのです。

　　次にカール・マルクスが、「それは違う、大事なのはここだ」と自分の腹を指します。「胃袋」つまり「物質主義」こそが大切だというわけです。次いで、シグムント・フロイトです。「みんな違う、一番大事なのは腹のそのまた下だ」と指差します。なるほど、人間の行動のすべてを「性」の衝動で説明しようとした人でしたから。

　　皆の意見を制したのはアルバート・アインシュタイ

ン博士でした。
You are all wrong. Everything is relative.
（皆、違っている。万事は相対的である）

　だんだんと噺を盛り上げていって、いよいよアインシュタインを登場させ、Everything is... でちょっとポーズを置き、聴き手の気を持たせてから、re-la-tive をはっきり発音するのですが、私の発音がうまくなかったときは笑ってもらえません。
　まあ、うまく笑ってくれなかったときは、

Sorry I couldn't pronounce the word "re-la-tive" very well.
（relative がうまく発音できなくてすみません）

とでも謝れば、そこで笑ってくれるかもしれません。
　以来、私は、ＬとＲの区別が日本人には苦手だという話をするとき、

Whether it's L or R, it makes me (us) no difference.

と言うことにしています。これには、「どっちでもかまわない」という意味と、「どちらか私（たち）には違いがわからない」という両方の意味があるので、「聴き取れませ

ん」というお詫びでもあり、「どっちでも私たちには関わりのないことです」と笑い飛ばしていることでもあり、結構受けています。

日本のことわざをそのまま英訳

　英語が母国語ではない日本人が話すのですから、とつとつと、いわば朴訥な英語で、しかも、おもしろい表現をすることも、また一興です。
　たとえば、「船頭多くして舟、山に上る」ということわざは英語で、

Too many cooks spoil the broth.
（料理人が多すぎるとスープがまずくなる）

と表現しますが、これを日本語からの直訳で、

Too many captains bring your boat to the mountaintop.

と言ってみます。指図する人が多くて、統一がとれず、とんでもない方向に物事が進んで行くことのたとえですが、日本語ではこう言うんですよという意味も含めて、後者のように話したほうが、はるかに貫禄や迫力があり、魅力的です。そうしたおもしろいことを言うと、必ず人は耳を傾けてくれます。

また、私は蛇足を、

as extraneous as legs to a snake

と直訳英語で表します。「蛇の足のようなもの」という言い方が興味を引きます。

とかく日本人というのは原稿をびしっと書いて、各部課長で稟議(りんぎ)をして、判を押したものが戻ってくる。そして、それを正確に読まなくてはならないと思って読むから、おもしろくありません。まず、そうした習慣を改めなければいけないのではないかと思います。

国際コミュニケーション、異文化とのコミュニケーションにおいて、誠実さというのは、決して間違いなく原稿を読むことではありません。スピーチや意思疎通をする上での誠実さというのは、人が眠らないで話を聞いてくれるように工夫すること。そのために、おもしろいジョークを頭と真ん中と終わりぐらいに1つずつ加えたり、もしくは何か気のきいた名文句を挿入したりするという努力が必要です。

時には、

Confucius said...
(子曰、子のたまわく)

でかまいません。「子のたまわく」で孔子の論語を引用す

る。極端ですが、もしかしたら孟子かなと思っても、気にする必要はありません。むしろ、そういう話をする人のほうがはるかに喜ばれます。

日本笑い学会と国際ユーモア学会

私は7年ほど前に、「日本笑い学会」という、れっきとした学会（といってもそんなに堅い学者たちばかりの会ではありません）に入会しました。本部は大阪にあり、前にも少し触れましたが、私は大勢いる理事のひとりとして関東支部の支部長を預かっています。英語で The Japan Society for Laughter and Humor Studies と称します。

国際的には The International Society for Humor Studies（国際ユーモア学会）というのがあり、日本からも十数人、個人会員になっています。私は2000年夏の大阪での年次大会に次いで、2001年は米国メリーランド大学で、2002年7月はイタリア・ボローニャ大学で、そして2003年7月はシカゴのノースイースタン・イリノイ大学でと、連続出席し、毎回発表もしています。

イタリアでは5日間の会議のうち一夕、joke-telling contest というのがあり、ちょっとばかりオッチョコチョイの私は手を挙げました。あまり日本人は自ら名乗りを上げないようですが。ひとりジョークは1つだけ、時間制限は3分。10人の出場者の中から、投票で joke-telling champion が選ばれるはずでしたが、「みんなチャンピオンに！」という声があがり、優勝者の選出はしませんでし

た。実は終わってから、大勢の参加者が私のジョークに一票入れたかったと言いに来てくれたのです。

なぜ私の語ったジョークがおもしろかったかを尋ねたところ、皆異口同音に、exoticだったからと答えてくれたのです。なるほど、私が語ったのは実は江戸小噺でした（第4章168ページに掲載）。海外向けに多少説明と脚色を加えたため、結果的に国際性のある、いわば普遍的なジョークに比べて、新鮮に響いたのでしょう。

古典落語や江戸時代の小噺には、国際的に通じる話がたくさんあります。江戸小噺の3分の1は、そのまま英語にしても、聞いている人はみんな笑ってくれます。3分の1は、たとえば天狗（てんぐ）というのはこういう意味があるのだとかいうふうに、小道具とか背景を説明するとわかってくれます。残りの3分の1は、いわゆる語呂合わせ、駄洒落（だじゃれ）、地口、そういったものですから、日本語を研究している人でないとわかりませんが。

このように、外国のジョークを覚えたりするより、日本にユーモアの材料、ネタは無限にあるのです。

インターナショナルな「目黒のさんま」

有名な古典落語「目黒のさんま」は英語に訳してもなかなかおもしろい噺です。たとえば、本題に入る前の「枕」に、次のような小噺があります。

　　　殿様というものは、魚を食べるときはその片身だけ

第3章　日本人とユーモア

をちょっと食べて、すぐ下げさせてしまったそうですが、あるとき食べた魚が大変おいしかったので、もう1匹持ってくるように家来に命じました。

　台所にはもう魚がないので、困った家来が、「殿様、築山の桜を手入れいたしました。来年はきっときれいに咲くことでございましょう」と言って、殿様がそちらを見ている間に、魚を裏返しにしておいた。ところがそれも食べてしまった殿様が、「もう1匹所望じゃ」と言ったので、家来ははたと困ってしまった。すると殿様が、「もういっぺん築山の桜を見ようか」と言ったのです。

　この噺などは、英語でしてもとても喜ばれます。日本の殿様という背景を説明すれば、異国情緒もあるわけで、しかもその殿様が何も知らない馬鹿殿様のようでいて、実はちゃんと見通していたということなど、海外の人たちにとってもよくわかるユーモアなのです。この噺をちょっと英語にしてみましょう。

　In the feudal days of Edo, noble lords would touch only one side of the fish, and vassals would take the dish away, either for lowlier retainers to consume or for the dogs or cats.
　One day, the lord found the fish, say, a sea

bream, particularly tasty. After he ate a little bit of one side, the lord ordered that another fish be served. But, alas, there was no more fish in the kitchen.

His vassal struck upon a brilliant idea. He said, "My lord, please look at the cherry trees in the garden. I am sure they will bloom beautifully next spring."

The lord said, "Oh, yes, they will." While his master was looking at the cherry trees out in the garden, the smart vassal, using chop sticks, quickly turned the fish upside down and said, "Here is another fish, my lord."

The lord ate a bit of it and asked for yet another fish. The vassal was in a fix. Then the lord said, "Shall I look at the cherry trees again?"

なるべくやさしい英語に訳してみました。もちろん、もっと古風な英語にして昔の雰囲気を出すこともできましょうし、また「語り口」で演技をつけることも可能です。親しい友人との集まりなどで、ジェスチャーもつけながら私がこの噺を英語で語ると、みんなよく笑ってくれました。

第3章　日本人とユーモア

「ふんどしがいじめるよ」

落語の中に「雷の親子」という小噺があります。

　雷様は背中に太鼓をしょって、虎の皮のふんどしをしめています。ゴロゴロゴロゴロと太鼓を鳴らすとそれが雷で、金歯がピカッと光るのが稲妻なのだそうです。父親の雷様の後を追いかけて「お父ちゃん、僕も行くよ」などと言って、コロコロコロコロッ、ペカペカッとするのが子どもの雷なのだそうです。

　父親が「気をつけろよ、坊主。雲から足を踏みはずすと落っこちて大けがするぞ」と注意。そして、引き続き、ゴロゴロッ、ピカピカッというと、また子どもがコロコロッ、ペカペカッとする……。

　しかし、とうとう子どもは雲の隙間から落ちてしまいます。ヒューッ、ドスンと真っ逆さまに落ちたところが竹やぶで、そこで昼寝していた虎の背中にドンと落ちたものですから、虎がウォーッと怒って「おまえはだれだ！　ひとが寝ているところを」。子どもが「ウワーッ」と驚くと、「謝らないか。謝らないと、喰っちゃうぞ」と虎が吠える。そこで子どもが「お父ちゃん、助けて。ふんどしがいじめるよ」。

これも英語に訳せます。まず、話の前置きとして、「雷様」を次のように説明してみてはどうでしょうか。

You know the old-fashioned Japanese loincloth, or G-string. We call it *fundoshi* in Japanese. Well, in the popular Japanese mythology, the God of Thunder is a red-skinned, horned, demonish-looking figure, all naked except for his *fundoshi* made of tiger's skin.

He carries many small drums on his back, which he beats with his two drumsticks in order to produce his terrifying thunder. And his glittering gold-teeth emit blinding thunderbolts.

「ふんどし」はloinclothで通じます。G-stringという俗語もあります。日本の民俗神話（ちょっと大げさな表現ですが、こういう話は多少ドラマチックに物語るほうがおもしろいのです）では、雷神は赤い肌をして、角を生やした、恐ろしげな顔をした姿で、虎の皮で作ったふんどし1枚の姿をしています。

背中にたくさんの太鼓をしょっており、それを叩いて雷を鳴らします。そして、雷神のピカピカの金歯が、目もくらむような稲妻を出すのです——というふうに説明したら、外国人もひざを乗り出して聞いてくれます。

金歯は日本人の特徴の1つとして、眼鏡やカメラとともに、日本人を戯画化（caricaturize）するときの必需品と

第3章 日本人とユーモア

海外ではみなされています。それを逆手にとって、自分を笑いの種（laughing stock）にする self-deprecating humor にならい、gold-teeth を強調してみました。では、本編です。

> One summer day, as the big Thunder God was about ready to start his daily routine of running around over the clouds, his little son came up to him and said, "Daddy, take me with you," proudly showing off his recently-acquired skill in producing noise and flashes.
> Well, Papa Thunder God says, "All right, son, but watch where you put your feet. If you fall to the earth, you'll get badly hurt."

> ある夏の日に、大きな雷神が雲の上を駆けまわる日課をはじめようとしたとき、小さな息子がやってきて、「お父ちゃん、僕も連れてって」と、習いたての音と光を得意げに出してみせました。そこで父親は言いました。「まあよかろう、息子よ、だけど雲の上は気をつけて走れよ、落ちるとけがをするぞ」

後半で said でなく says と言っているのは、会話や物語をキビキビと運ぶためによく使われる方法です。

> So, the father-and-son thunder team

goes off, scaring all the people down below. In no time, sure enough, the little thunder boy misses his step between clouds. He plummets through the sky, but fortunately lands on the back of a tiger sleeping in his favorite bamboo grove. Of course you have seen the pictures of the tiger against bamboos.

そこで雷神の親子チームは出発。下界の人間どもを縮みあがらせているうちに、やはり息子は足を踏みはずし雲間から落っこちてしまいますが、幸い竹やぶで眠っている虎の背中にドスン。竹やぶの虎の絵はもちろんご存じですね。

だいたいの外国人は東洋的な絵で竹と虎の組み合わせをよく知っていると思ってかまいません。

The tiger, abruptly awakened from his comfortable nap, is understandably angry. He roars and demands an explanation, saying, "Who the heck are you, disturbing my sleep!?"

The little thunder boy, frightened, screams but is speechless with fear. The tiger says, "Apologize, or I shall eat you up!" Whereupon, the boy yells at the top of his voice, "Help me, Daddy, this mean old *fundoshi* is bullying me!"

　安眠――相手がラテン系の、午睡の習慣のある人たちでしたら、nap（ひと眠り）の代わりにsiestaと言うのもおもしろいでしょう――を邪魔された虎は怒って、うなりながら子どもを問い詰めます。子どもはビックリ、キャーという以外言葉が出ません。虎はさらに「謝れ、さもなくば喰ってしまうぞ」と言いました。「助けて、パパ、意地悪なふんどしが僕をいじめるよ！」。

　Who the heck... の heck は、hell の少し上品な代用品です。「一体全体……」という強い感じが出ます。whereupon は、話がいよいよ大詰めにきたときに使う、とっておきの表現です。ここで then などと月並みな副詞では盛り上がりません。mean は「意味する」ではなく、ここでは「意地悪な」。bully は「いじめる」。「いじめっ子」を a big bully boy と言います。

　虎皮のふんどしを visualize（視覚化）できる外国人にとっては、この話は結構おもしろいようです。読者の皆さんも、こういう話を自分なりの表現で、外国の友人に語ってあげてみてください。

　国際的な場などでこうした話をすることは、日本人もユーモアを解する国民だということを世界的にも理解させる

ことになります。古典落語や江戸小噺にはおもしろいものがたくさんありますが、それを英語で説明しようとする人は、日本人にも外国人にもまだあまりいません。

ジョークを言わないユーモア
「スピーチの冒頭でジョークを言わねばいけないと教わってきましたが、どうも日本人にはそれが苦手で、特に私はジョークが不得手ですので」と逃げる手もあります。
　たとえば、

　　Thank you, Mr. Chairman (Madam Chair) for your kind (very kind, most kind, generous) introduction.

と、一応欧米式の仁義を切っておいてから、

　　And thank you for reading every word of my biographical blurb exactly as my PR advisor had written it.
　　(うちの広報担当者が書いた宣伝文句を一字一句正確に読んでいただきましてありがとうございます)

などと言って聴き手を笑わせてから本論に入れば、あとはしめたものです。
「日本人はユーモア感覚がない。だからスピーチの冒頭で

ジョークの1つも言えずにいる」という先入観を持たれているのですから、そのイメージを逆手にとって、

I apologize first that I am unable to crack a joke as my previous speakers did so ably.
(まず、私の前にお話しされた方々のようにうまくジョークが飛ばせないことをお詫びいたします)

と言えば、聴衆はきっと笑ってくれるでしょう。
　しかし、この手はこれまでずいぶん大勢の人が使ってきましたから、自分の不得意なこと、短所、弱点を率直に白状するほうが、聴き手に好意的に受け入れられます。要は、得意なこと、本業、本職がちゃんとできればいいのです。

嘘もユーモア
　ボストンで古風な床屋に入ったときのことです。椅子が3つぐらいしかない小さな床屋で、中年の少し太った理容師が2人いて、お客も2人。私が腰掛けて待っている間、それとなく会話が聞こえてきました。「カワサキ、カワサキ」と言っているのです。二輪バイクの話です。客のうちのひとりが、「修理のために取り寄せる部品が少し高いけど、最高のマシンだ」と、とても楽しそうに話しているわけです。
　その男が終わって店を出て、私が「どうぞ」と言われたときに、

I'm from Japan. My name is Kawasaki. It's my grandfather's company.
（私は日本から来たカワサキという者で、あれは私の祖父の会社です）

と言ったら、床屋さんは「What !?」と叫んで外に飛び出し、さっきの客の男を連れ戻そうと大騒ぎになってしまいました。

I was just kidding.
（冗談です）

と言って騒ぎは収まりましたが、それから話がはずみました。相手もどうせならおもしろい人としゃべったほうがいいと思っているはずです。そうやって心の触れ合いは広がっていくのですから。

名スピーチのユーモア

日本人にもすばらしいユーモア感覚をお持ちの方がいらっしゃいます。

ひとりは、国際日本文化研究センター名誉教授で、文化庁長官の河合隼雄先生です。東京国立博物館で特別展があり、その開会式でご挨拶をなさいました。やっぱりお役人さんというのはちゃんとスピーチを書きます。日本の官僚

というのは優秀です。そのときの通訳だった私は、事前にその用意されたスピーチをいただいていました。

　私は河合先生をよく存じ上げていたので、「先生、まさかこれはお読みにならないでしょう」と開会式の前に尋ねたら、「せっかく書いてくださいましたから、やっぱり読みましょう」とおっしゃいました。

　実際、「本日はここに……」で始まる最初の一節をお読みになり、私はそれを英語に通訳しました。しかし、そこで「やっぱり読むのはよしましょう」と言って、そこからは即興で話をされたのです。

　スピーチが終わってから、みんな拍手しました。そのとき河合先生はまだスピーチの原稿を持っていて、「皆さん、この読まれなかったスピーチに拍手してください」とおっしゃったのです。これで書いた人も喜んだかもしれません。人の顔も立て、ご自分の（用意されたスピーチを読まないという）悪いくせを認められたわけです。とてもすばらしいユーモアでした。

　財団法人癌研究会附属病院（ガン研）の理事長をしておられた黒川利雄先生もユーモリストです。もう35年ぐらい前ですが、あるとき箱根で日米の科学者の集まりがあり、私は通訳として参加していました。黒川先生は英語が相当お上手で、私の訳も全部おわかりです。そして、スピーチの通訳が終わったとき、このようにおっしゃったのです。「村松さんの英語の訳を聞いていて、私が言いたかったのはああいうことなんだな、とわかりました」。聴衆から再

度大きな拍手が湧き起こりました。

避けるべきユーモア

　日本の大臣がこんなジョークを言ったということが新聞の見出しになるのは日本だけです。私はいろいろな国で英語の新聞を読んできましたが、そういう見出しに出合ったことはありません。

　だからといって、ユーモア感覚が劣っているのだとは思いません。文化が違うのです。それだけに、ユーモアに価値を見出す人たちとコミュニケーションする場合には、本当におもしろい話をする必要があります。

　そこで、まず避けなければならないのは、駄洒落です。何十年も前のことですが、ある日本の農林大臣がアメリカの農務長官に、「日本人は米を食べます。アメリカは米国でしょう。仲よくしましょうや」と言いましたが、これは通訳不可能です。アメリカを米国と言うことを知っている日本語通の方にはいいと思いますが、そうでなかったら、これはむだです。

　また、当然のことですが、身体上の障害や差別などをジョークにすることは御法度です。過去にはそうしたジョークもありましたが、今は厳に慎まねばなりません。

2. ユーモア感覚を磨こう

映画はユーモアのテキスト

　ユーモアのネタはジョーク集からだけ拾ってくるものではありません。日ごろからいろいろな方法でユーモア感覚を磨く必要があります。

　その1つが映画です。

　映画は世界共通の言語です。異文化体験、海外体験が足りなくても、映画でそれを補うことができます。そして外国人との会話では、映画が共通の話題にもなります。

「忙しい」といって映画を見ない人が多いようですが、日本人の英語がなかなか上達しないのも、話題やユーモアに乏しいのも、映画をあまり見ないことにも一因があるのではないでしょうか。すべからく日本人は、ビジネスピープルも、政治家も、もっと映画を見て、英語で語るときに映画を話題にすべきでしょう。発音がきれいなことなどより、話題の豊富さのほうが、値打ちがあるのです。

　『プリティ・ウーマン』(Pretty Woman) の一幕。リチャード・ギア扮する青年実業家エドワード・ルイスが、街の女ビビアン（ジュリア・ロバーツ）をチャーター・ジェット機でサンフランシスコへ連れて行き、オペラ『椿姫』を見せます。わが身に照らして彼女は感動し涙を流します。拍手の中カーテンが降り、両人が退場しようとするとき、

隣のボックスにいた、見るからに上流階級の婦人が、

Did you enjoy the opera, dear?
（オペラはお気に召して？）

と尋ねます。それに対し、ビビアンが、

I liked it so much I almost peed in my pants.
（あんまり気に入って、お漏らししそうになっちゃったわ）

と答えたので、ご婦人はビックリ。そこをすかさず紳士エドワードが、

Oh, she said she liked it better than *The Pirates of Penzance.*
（『パイレーツ・オヴ・ペンザンス』よりよかったって言ったんです）

と恋人をかばったのでした。「これはまた、下品な解釈をして恥ずかしい」と婦人は「パイレーツ・オヴ・ペンザンス」と口ずさみながらも、どうも語呂が合わないなと首を傾げつつ退場する、という愉快なシーンがあります。
　『The Pirates of Penzance』（ペンザンスの海賊）とは、19世紀末から20世紀初頭にかけて、サヴォイ・オペラ

(Savoy operas) と呼ばれる喜歌劇 (comic opera) をいくつも生み出した作詞家ギルバートと作曲家サリバンの傑作です。英国南海岸の港町ペンザンスに海賊船が入ってきて大騒ぎになる話。町の裕福な商人が、海が大好きで勇敢な息子を、何か海に関わるキャリアにつけてやろうと思い、お手伝いさん (nurse's maid) に息子を水先案内 (pilot) として年季奉公に出してくるようにと命じます。しかし、ちょっと耳が遠くてそそっかしいお手伝いさんは、ちょうど港を襲撃するためにやって来た海賊 (pirates) の一味に、ご主人様の息子を海賊見習いとして奉公に出してしまうのです。とても滑稽な喜劇です。

英語国民もLとRの音を混同することが、なきにしもあらず。「パイロット」と「パイレート」は、カタカナで書くとずいぶん違いますが、英語ではともに"pi-"にアクセントがあって、次の音節は曖昧に発音されるため、結構取り違えられる言葉なのですね。

余談ですが、この実例をネイティブ・スピーカーに見せて聞かせてあげると、大抵は「なるほど」と恐れ入ってくれます。「あなた方も間違えるんだから、あまり日本人に厳しく言わないでくださいね」と茶化すのです。

ウェールズの山を守れ

世界でも1位、2位の透明度で知られる北海道の摩周湖が、どの官庁が所管するのかわからない（流れ出る川がないから国土交通省も登記できず、樹木がないから農林水産

省所管でもない）ので、「抹消登記」され、今後は「大きな水たまり」として無記のまま国が管理することになったというニュースがありました。

　これで思い出すのが、イギリスのコメディー映画『ウェールズの山』です。ウェールズ地方の地形測量に来た国土地理院の技師が、「1,000 フィートの高さのないものは『山』と見なさず、地図から抹消する」と言います。そこで、中世ノルマン侵略のときも自分たちの土地を守った神聖な山である Ffynnon Garw（フュノン・ガルウ）を地図に残そうと、村人たちが夜陰に乗じて土を運び上げ、見事時間ギリギリのところでやっと標高 1,000 フィートと認められるという話です。

　映画の原題は、

The Englishman Who Went Up a Hill But Came Down a Mountain

という長ーいもので、これはウェールズ地方の地名が極めて長いものが多いことをユーモラスに表しています。

　同じ英国でも、English と Welsh の英語や民族気質の違いなども学べる、実に楽しいコメディー。ぜひお勧めです。

carpe diem

『いまを生きる』という十数年前のアメリカ映画をご存じ

ですか？『Dead Poets Society』（死せる詩人の会）が原題で、エリート男子高校の先生と生徒の心の交流を描いた、ユーモアいっぱいのすばらしい映画です。名作と言われる英語の詩を朗読せよ、そして自分たちも自由に詩を書けと教えてくれる先生を、コメディアンでもあるロビン・ウィリアムズが感動的な演技で演じています。

「毎日をむだにせずに、精一杯生きよう」と若者たちに呼びかける先生が教えてくれるのは、carpe diem というラテン語です。英和中辞典には載っている言葉です。seize the day（その日をつかまえよ）、つまり一日一日を無為に過ごすなという意味（だから遊んでしまえ、という解釈をする人もいるでしょうが）。「カーペー・ディーエム」の語を知り、感動を覚えるだけでも、一見も二見もの価値のある映画です。

君の瞳(ひとみ)に乾杯

私が勧める映画のナンバーワンは、やはり『カサブランカ』（Casablanca）です。この映画が完成したのは、第二次世界大戦に米国が参戦（つまり対独宣戦布告）する直前のこと。日本では戦後早くに封切られ、映画好き、英語好きだった私は、当時流行ったシナリオ対訳集を手に、何度も映画館に通い、時には2回続けて見たこともありました。娯楽やアメリカ文化に飢えていた当時は、満員の映画館でみんな通路に敷いた新聞紙に座って見ていたものです。

映画館で、テレビで、ビデオでと、今まで通算30回近

く見ています。画面も名台詞も脳裏に焼き付いていますが、それでも見るたびに、新しい発見があります。

Here's looking at you, kid.

は、「君の瞳に乾杯」という歴史的名訳の原文です。主人公リック（ハンフリー・ボガート）が、別れを受け入れられないイルザ（イングリッド・バーグマン）の涙に潤んだ瞳を見つめて言う名セリフです。「君を見つめているよ」という意味。最後の kid（子ども）も、この２人が父娘ほど年齢差があるために自然に聞こえます。

　このとき、イルザは、自分を危険にさらしながらも、死んだはずだった反ナチレジスタンス闘士の夫と彼女を自由の天地に逃がそうとしてくれているリックに、感謝と惜別の情を込めて、

Goodbye, Rick. God bless you.
（さようなら、リック。神様のお恵みがありますように）

と呟きます。このときのバーグマンの瞳の潤んだ輝きは、実に美しいシーンです。男性だけでなく女性もひとり残らず、銀幕に映し出された彼女の大きな瞳に魅了されます。
　その前に、

But, what about us?

第3章　日本人とユーモア

（でも、私たちはどうなるの？）

と尋ねたイルザに、リックが諭すように

We'll always have Paris.
（われわれには、いつもパリ［の思い出］があるじゃないか）

と言うやりとりがあります。ナチスドイツ軍に占領される前夜、夫に死なれたと思って絶望していたイルザとリックは、宿命的な恋に落ち、パリで情熱の一夜を過ごしたのです。「そのときの思い出だけに生きよう」という男の別れ言葉は、最高に粋です。

　ウイットに富むラストシーンも圧巻です。イルザと夫を乗せた飛行機が離陸し、2人を追ってきたナチスドイツ将校をリックが射殺しますが、仏警視総監ルノーは見て見ぬふりを決めます。それまでまさに「狐と狸の化かし合い」（two cons trying to outcon each other）をしていたリックとルノーは、反ナチという大義によって結ばれることになります。

　滑走路を背にして歩きながら交わす、リックとルノーの会話は最高にユーモラスです。逮捕を免れたリックがルノーに、「それでも賭博の貸しはまだ残っているぞ」と言えば、ルノーは「2人の共通経費にあてようや」と逃げます。

Well, Louis, I think this is the beginning of a beautiful friendship.
（美しい友情の始まりだな）

　リックのこの台詞で、詐欺師と腐敗官吏のような２人が、共同戦線を張ることになったわけです。
　実はこの映画に「続編」があるのです。と言っても、それは『As Time Goes By』（時の流れるままに）という、映画の主題歌の題名をそのままタイトルにした小説。これがまた、痛快なパロディ仕立てなのです。
　ストーリーは、映画の空港での別れのシーンから始まります。あの前夜、どうしても夫と２人の出国許可書類を入手しようと、イルザは夫に内緒で夜陰にリックの部屋を訪ねます。映画ではその夜の出来事はロマンチックにぼかしてありますが、小説では、「イルザは、リックと寝てでもいいから書類を入手するつもりだった。入手できなければ、リックを射ち殺すつもりだった。イルザはリックを殺さなかった」と、あっさり２人が一夜を過ごしたことを認めています。あとの展開は痛快なサスペンス仕立て。映画『マディソン郡の橋』には『エディソン郡の溝』（The Ditches of Edison County）というパロディ小説がありますが、パロディ作家はしばしば原作者に劣らぬ才覚の持ち主のようです。

第3章　日本人とユーモア

お勧めの映画はこれ！

ここまでに取り上げた作品を含め、ぜひともお勧めしたい映画をリストにしました。ユーモアと英語の勉強に役立ててください。

◆ Casablanca（カサブランカ）

現代史が学べます。私は戦後、visa, refuge, resistance などの単語をこの映画で知りました。"We'll always have Paris." は、最高にかっこいい「別れ言葉」。最後の "This is the beginning of a beautiful friendship." で、定冠詞と不定冠詞の選び方が、しっかり頭に入ります。

◆ Dead Poets Society（いまを生きる）

英語の詩の美しさに眼を開かせてくれます。"carpe diem"（＝seize the day）というラテン語を知って、人生観が変わるかも。

◆ Star Wars（スター・ウォーズ）

"Long time ago in a galaxy far, far away..." の語呂のよさが光ります。貴族階級の英語（ジェダイの騎士）、執事の英語（ロボットC3PO）、ヤンキー英語（主人公）、西部劇の荒くれどもの英語（酒場にむらがる怪物エイリアンたち）など、さながら英語のデパートです。

◆ The Brylcreem Boys（友情の翼）

カナダ人の英語も、イギリス人にはアメリカ英語に聞こえます。教養ある上流階級ドイツ人の英語を聞くことができる作品。そして、なぜアイルランド人がかくもイギリスを嫌い、その一方国難に当たっては助けるのかがわかります。mooning（尻をまくって侮辱する）という非言語コミュニケーションは、英独間でも通じましたが、"Don't count your chickens before they are hatched." のイディオムをドイツ人は理解できず、chicken（弱虫）呼ばわりされたと思って怒る場面も。

◆ Around the World in 80 Days（80日間世界一周）

　世界中様々なお国訛りの英語が聞けます。香港で、アレック・ギネスが、どうせ英語を話さないだろうと、老中国人に pigeon English（現地語の影響を受けた英語）で語りかけると、非の打ちどころないキングズ・イングリッシュで返事されてあわてるシーンが見もの。

◆ Camelot（キャメロット）

　歌詞の英語が美しく、またユーモアにあふれています。英語を学ぶ人の常識「アーサー王伝説」がよく頭に入ります。

◆ Remains of the Day（日の名残り）

　イギリス人の英語とアメリカ人の英語、そして、執事英語（Butler's English）と使用人たちの間で語られる労働

者階級の英語の違いがよくわかります。

◆ The Englishman Who Went Up a Hill But Came Down a Mountain（ウェールズの山）

イギリス人にとって、ウェールズ人は外国人なのでしょうか。ウェールズ人の英語（English with Welsh accent）は、イギリス人にもなかなか理解できません。

◆ 13 Days（13デイズ）

ケネディ兄弟とキューバ・ミサイル危機、歴史的な世界核戦争の回避、迫力のある現代史のひとコマ。

◆ Wall Street（ウォール街）

株価の操作、企業乗っ取りなどに関する英語やビジネス世界の慣習がよく学べます。十何年も前の映画ですが、洗練されたニューヨーカーたちは、sushi（寿司）を食べ始めていました。しかし、労働組合員は、胡散臭そうに、匂いだけ嗅いで口をつけようとしません。

◆ Driving Miss Daisy（ドライビング・ミス・デイジー）

南部訛りの英語がたくさん聞けます。ユダヤ系とアフリカ系アメリカ人に対する偏見の描写が興味深い。

◆ La Vita E Bella（ラ・ヴィタ・エ・ベラ）

英語の映画ではありませんが、日本語字幕をちらちら眺めながら聴いていると、イタリア語の単語が結構よくわかります。英語のうまくないイタリア人と会話をするときに、この映画を見たと言ったり、「プリンチペッサ」（お姫様、英語の princess）という単語を覚えたと言ったりすると喜ばれます。会話では、うわべだけの流暢(りゅうちょう)さより、おもしろい話を語り、相手の文化に興味を持つことのほうが大切です。

◆ The Pirates of Penzance（ペンザンスの海賊）

　ギルバートのウイットにあふれる歌詞にサリバンが曲をつけています。2人はオペラ「ミカド」の作詞作曲コンビ。イギリス人でも pirates と pilots を聞き間違えることを知れば、英語なんてこわくなくなります。

◆ My Cousin Vinny（いとこのビニー）

　保守的な南部の人たちと、ニューヨーカーとの間で英語が通じません。ビニーの美人ガールフレンドは、実はベテラン自動車修理工。専門用語をとうとうとまくし立てる場面はスカッとします。

引用句辞典は名文句の宝庫

こんなことを言ったイギリス人がいました。

```
The thing that impresses me most about
```

第3章　日本人とユーモア

America is the way parents obey their children.
（アメリカという国について、私が一番強い印象を持つことは、いかに親が子どもに従順かという点だ）

　それはなんと、ウィンザー公、つまりイギリスのエドワード八世です。
　子どもは時に頭痛の種でもあり、憎らしいこともあります。紀元前2世紀のギリシャの哲学者ディオゲネスは「なぜ父親にならなかったか（なぜ子どもを作らなかったか）」と尋ねられ、「子どもを愛するからだ」と答えています。つまり子どもはかわいいけれど、育てねばならぬ実の子だとかわいがってばかりいられないということでしょう。
　この2つの名文句（quotations＝引用句）は、「ピーターの法則」で有名なローレンス・ピーター博士が編纂した、『Quotations for Our Time』のchildren（子ども）の項に収められています。本書は、ユーモラスな名文句ばかりを集めた辞典です。
　必ずしも「冗談（ジョーク）」を語れなくても、先人たちのユーモラスな言葉を、タイミングよく借用・引用すれば、あなたも「ユーモア感覚を持った人」になります。
『The Penguin Dictionary of Modern Humorous Quotations』もユーモラスな引用句ばかりを集めた辞典で、ユーモア感覚を磨きたい方にはお勧めです。こうした引用句辞典には教養ある英語のネイティブ・スピーカーでも知ら

ないことが載っていますから、会話に引用すると結構感心され、点を稼げます。

たとえば、人名索引でDorothy Parker（昔、アメリカで一世を風靡した詩人、作家、そして稀代の毒舌家）を調べると、次のような話をすることができます。

　　ドロシー・パーカーは美貌と機知で有名でしたが、女ざかりを過ぎたころ、当時売れっ子だった新進女優とホテルの玄関で一緒になりました。若い女優は、この大先輩に、
　"Age before beauty."
と言ってドアを譲ったのです。
　これは昔からある常套句（cliché）で、若者が年長者に、ドアやエレベーターなどで、ふざけて「お先にどうぞ」と言うときによく使われます。もちろん、「自分はハンサム、もしくは美しいが、年長の方がお先に」という冗談が交わせるような間柄であることが条件です。
　自分のほうが美しいと言わんばかりのこの若い女優に向かって、ドロシーは間髪を入れずにこう答えて、堂々と入ってきました。
　"Pearls before swine."
　本来の意味は「豚に真珠」「猫に小判」ですが、この稀代のウイットの持ち主は、高慢ちきな若い女優に、「豚の前に真珠」と言って、内から輝いている自分を

真珠になぞらえ、彼女の自慢の鼻を折ったというわけです。

ユーモア感覚を磨くためには、単にジョーク集を読んだり、ジョークを記憶して語ろうなどとするよりも、引用句辞典でネタを拾い、さりげなく使ってみるほうがよいでしょう。聞き手が感心し、おもしろがってくれたりすれば、自信がつき、次にはもっとうまく使えるようになります。

また、自分より上手にジョークを語る人の話によく耳を傾けることです。わかったら笑い（相手は喜びます）、わからなかったらなぜそれがおかしいのかを質問しましょう（相手はもっと喜ぶものです）。ジョークが好きな連中は、語り出したら止まりません。いくらでもお手本は出てきます。

「ことわざ」もユーモアの宝庫です。どの国のことわざにも、その国、その国民の古い文化が、凝縮された形で表れています。

A proverb is the wisdom of many, the wit of one.

（ことわざは万人の知恵、一人の機知）

ということわざが私は大好きです。ことわざは何百年もかけて完成された、多くの人たちの知恵の結晶です。そうしたことわざを、適切なタイミングと状況で引用するのは、

その人の機知です(ただ、このことわざを引用すること自体、自分にはウイットがあるよ、と言っているようで面映ゆいのですが、しかたがありません)。

　また、講演や挨拶をする、あるいは随筆でも書こうかというとき、アイデアが充満している人は別として、とかく考え込んでしまうときがあります。

　そんなときに重宝するのが、『悪魔の辞典』です。原題は『The Devil's Dictionary』。著者アンブローズ・ビアス(Ambrose Bierce)はアメリカ人のジャーナリスト、そして作家として活躍していましたが、1913年にメキシコで行方不明になってしまいました。

　普通の辞書のように、様々な言葉がABC順に並んでいますが、この辞典の特色はビアスがごく恣意的に定義をしているところです。たとえば、interpreter(通訳者)を引いてみると、次のような定義が載っています。

Interpreter, n.　One who enables two persons of different languages to understand each other by repeating to each what it would have been to the interpreter's advantage for the other to have said.
(通訳者、名詞　言語の異なる2人の間で、通訳者にとって利益になるように一方の言ったことをもう一方に対して繰り返すことによって、理解を可能にさせる者)

つまり、通訳者は、自分に都合よく勝手に訳しているものだと皮肉っているのです。元プロ通訳者としては愉快ではありませんが、ビアスの定義の多くはまことに核心を突いていて、エスプリに富んでいるため、思わずニヤリとさせられます。

日本語訳やその流儀をまねた『ビジネス版悪魔の辞典』などの本もあります。

こうした辞典は、パソコンのソフトウェアではなく、本として手元に置き、ちらちら眺めることをお勧めします。目的の語句を探しているとき、その前後左右に、いろいろ偶然に発見するお宝（serendipity）があるからです。

『ニューズウィーク』と『タイム』

『ニューズウィーク』や『タイム』は後ろから読むことをお勧めします。前から読むと、堅い話や暗い話が多いので、なかなか進みません。後ろの記事には、軽い話やゴシップなどおもしろいものが多く、どんどん読めます。それだけユーモアのネタに遭遇する確率も高くなります。

1つ例を挙げましょう。

俳優のラッセル・クロウが、シドニーで記者会見中にたばこを吸い始め（それもチェーンスモーキング）、そのうち、マルボロの箱を出してテーブルに置いたのです。これは、オーストラリアでは違法とされている、たばこの宣伝になります。それをテレビ局が再放送したところ、裁判で違法の判決を受け、罰金を科せられてしまいました。裁判

所いわく、

> The first broadcasting was acceptable, but the second was gratuitous.
> （最初の放映はしかたがないけど、２度目のは余計だ）

そして、記事の最後におもしろいことが書いてあります。

> As usual, where there's Crowe, there's a fire.

元々のことわざは、

> Where there's smoke, there's fire.
> （火のないところに煙は立たない）

ですが、ラッセル・クロウ（Russell Crowe）に引っかけて、「クロウ（crow は「カラス」）のいるところには何かが起きる」と表現しているのです。

日本人の苦手な食卓での会話

　私はこれまで食事の席での通訳を数多く経験してきました。企業経営者同士の会食、技術的な内容に関するビジネス・ランチ、そして、各国の首脳たちが出席する晩餐会などでの通訳です。

　そのような食事の席では、ビジネスや会談などの本筋、

第3章　日本人とユーモア

本題からはちょっと離れて世間話になります。この世間話というのが日本人は概して苦手で、特に外国人相手となると、多くの方がいったい何を話していいかわからないとおっしゃいます。

食事の席ではどんな話題を取り上げたらおもしろく、相手が喜んでくれるのでしょうか。

まず、知っておくべきなのは、食べ物に非常に興味を示す文化と、少なくとも興味を示さないような顔をしている文化とがあることです。特に興味を示すのはフランスやイタリアで、何を食べるかをとても気にします。

日本はその逆で、いつでも定食で結構、お座敷へ行けば「おまかせ」と言う。あの「おまかせ」というスタイルは外国にはあまりありません。時々、遊びとしてシェフにまかせるというのがある程度です。

アメリカへ日本生産性本部が視察団を出しはじめたときのことです。アメリカ国務省の役人で、人のいい年配の方がマネージャーとして同行してくれました。

一緒に食事に行くと、彼は「何がいい」、「何がだめだ」、「この町はあれがいい」とか非常にうるさいのです。東京の下町生まれで気が短い私は、つい「どうでもいいじゃないか、一日3回、一年365日、一生食べるものでいちいち心配してなんかいられるもんですか」と言いました。すると、「一日3回、一年365日、一生することだから、何を食べるかを真剣に考えるんだ」と叱られてしまいました。

この人は、イタリア系アメリカ人（Italian-American）

でした。フランス人も似ています。一方、アメリカ人、イギリス人は食べ物に対して、割合に淡白なようです。

　食べ物の名前には文化の違いが表れているため、話題としておもしろいでしょう。たとえば、魚の名前です。日本では魚の名前についてはうるさいですね。出世魚という概念を説明しますと、外国ではみんなびっくりします。海外では、あまりそういった例はありません。そもそも自分たちが何の魚を食べているのか知らないで食べている人が多いのです。

　イギリスで最も庶民的な食べ物と言えば、フィッシュ・アンド・チップス（魚を揚げた軽い天ぷらみたいなものと、日本で言うところのフライドポテトを新聞紙で包んだ軽食）です。しかし、「そのフィッシュは何という名ですか」と聞くと、まず知っている人はいません。「タラかヒラメかそんなところだろう」（タラとヒラメとではずいぶん違うような気がしますが）くらいの答えしか返ってきません。彼らにしてみると、白身魚のフライであること以上の関心がないのです。

　逆に、肉にうるさい文化のところへ行きますと、われわれがステーキと総称しているようなものも実は名前がたくさんあります。

　さて、食事のときに何を話題にするか。一番簡単なのは、一緒に食べているものについて話すことです。

　幸い胃腸の丈夫な私は、出されたものはすべて食べる主義で、さらにどこの土地、どこの店へ行っても、「珍しい

ものはありませんか」と聞くことにしています。ごちそうになる場合には、ホストの方に「あなたのお勧めは何ですか」「当店のスペシャルは何ですか」と必ず聞き、そのお勧めを食べます。

　もちろん失敗もありました。27歳のとき、デンマークのコペンハーゲンの高級レストランでメニューを見ていたら「タルタルステーキ（Tartar steak）」というのがありました。

　この別名「韃靼人のステーキ」は、生肉のたたきにオニオン・スライスを載せ、そこに生卵を落としたものです。生肉を食べるのは生まれて初めてで、清水の舞台から飛び下りる気分でしたが、それよりも、これをどうやって食べるのかが皆目わかりません。ナイフで切ったら、卵がドロドロになってしまう。そこで、高くて白い帽子をかぶった立派な料理長に「これはどうやって食べるのですか」と尋ねました。答えは「一口で食べるんだ」。肉のかたまりとしてはそう大きくないので、一気に食べたのですが、フォークで口に運びにくいし、卵はだらだらこぼれるし。苦労しました。

　後になってかつがれたことに気づきました。本当は生卵を肉の上で切って、肉にからめて少しずつ食べるのです。明らかに料理長は素人をかついで喜んでいました。

日本食についておもしろく語る

　このごろは刺身や寿司はすっかり国際化し、アメリカで

はちょっとした都会へ行くと、必ず寿司屋があります。かつては高所得の人たちほど寿司を食べると言われていましたが、最近はすっかり庶民にも浸透しています。大リーグで野茂選手が有名になったころ、ロサンゼルスの野球場でお寿司が飛ぶように売れたというのは有名な話です。
　しかし、外国の人を日本食に招待した場合、刺身にした魚がピクピク動く活き造りなるものをいきなり出してはいけません。「魚がピクッと動いた」、「あの目が俺のほうを睨んでいる」、「気持ちが悪い」と言います。日本へ行くと生きている魚を食べさせられると、恐怖感を持ってしまいます。そうすると、枯れススキを見ても幽霊と思うのと同じです。たとえば、湯豆腐がお碗に入ってくる、ふたをとった瞬間に削り節がふわふわっと湯気とともに踊る、あれを見ても震え上がる外国人がいます。だから私は、デリケートな人には事前に、

When you take the lid off this cup, there may be something that's moving. Don't worry. It's dead.
（あなたがこのふたを取ると動いているものがあるけれども、それは死んでいるから心配しなくていいですよ）

と言って安心させることにしています。
　削り節を見せて、

> This, called *kezuri-bushi*, is shavings of dried bonito. This dried bonito may look like a piece of wood, but when shaved, it becomes excellent flavoring additives. And it is a food that can be stored for a very long period of time.
> (これは削り節といって、乾燥させたカツオを削ったものです。木みたいでしょう。だけど、削ると風味を出すんです。保存食でもあるんです)

と言うと、外国人の皆さんはびっくりします。木を食べているのかと思ったら、味がいいのでまたびっくり。

日本食についてのこういう説明は必ずしも学問的、技術的に正確である必要はないので、半分本当ならば半分は嘘でも、話がおもしろければ許されます。大事なのは、食事の席でも楽しく会話して、相手をリラックスさせ、心からもてなすことなのです。

こんにゃくのテクスチャー

外国でよく日本の食べ物は味がないと言われることがあります。代表的なのは、豆腐、とろろ芋、そしてこんにゃくです。

おでんを売っているコンビニがありますが、それが嫌で店に入らない外国人もいるそうです。(彼らの言うところの) 魚臭い匂いが店中に広がっているからです。そのおで

んの説明もいろいろ話の種になります。おでんに欠かせない具のこんにゃくを、

 It has no taste.（味がない）

と言う外国人に対して、私は、

> 「それは間違いですよ。実は日本人はこんにゃくを味で食べるのではなく、舌触りで食べるんです」

と説明します。「舌触り」は、舌にものが触れた感じという意味で「テクスチャー」(texture) という言葉を使います。
　そして、こんにゃく自体を説明します。

> 「こんにゃくは、ある種の芋の根を干して粉にしたものです。だからこれはベジタブルだ。プヨプヨ動いているけれども生きているわけではない」

　こう言って、

 Guaranteed to have no calories and no nutrition.
 （カロリーも栄養分もゼロだ）

と付け加えれば、それでは食べてみるかとなります。
　くさやの干物は、相当の日本通の外国人に、

　　「こういうものがあるけれども、あえてリスクを冒して眺めてみるか？　眺めるだけで臭いぞ、鼻が曲がるぞ」

とおどして、それでも試してみたいという気のいい人がいたら、

　　「いいか、食べてみるか？　大丈夫だよ、私も食べたけどまだ生きているよ」

と安心させて食べさせます。
　ところで、日本へ頻繁に来ている外国人は、「箸(はし)の使い方がお上手ですね」といちいち言われると、ほとんど侮辱に感ずるそうです。意地の悪い人がいて、「箸の使い方がお上手ですね」と言われたら「ああ、そうですか。あなたもナイフとフォークの使い方がうまいですね」と言い返すことにしていると話していました。
　外国の食べ物にも、日本人から見るとまったく味のないものがあります。
　ハワイには、ポイ（poi）という、とろろ芋のような芋をすった食べ物があります。ドロドロしていて、色もわずかな薄紫色。どう見ても「舌切雀」の糊(のり)のようなものが、

小さなお皿に入ってくる。まったく糊にしか見えません。口の中へ入れてみても糊そのものです。決してうまいものだとは思いません。

しかし、ポイはハワイでなければ食べられないので、私は必ず食べることにしています。人によっては塩、バター、こしょうで味をつけて食べています。私は半ば粋がって、そして我慢して、何もつけずに食べます。するとハワイの人はいたく感心して、ますますごちそうしてくれます。

料理は何がうまいかという絶対的な尺度はありません。だれでも子どものときから食べ慣れたものが一番うまいと思うものです。

世界の三大料理とは何か、ご存じですか。フランス料理と中華料理と自分の国の料理なのだそうです。トルコ人なら、トルコ料理はフランス料理、中華料理と並んで三大料理だと言います。それを皆さんは、笑って聞いていなくてはいけません。どこの国の人もおそらくそう言うでしょう。

食事中のボキャブラリーとマナー

食事の席でボキャブラリーが足りないから話せないとおっしゃった人がいます。しかし、それ以前に話題が貧困で、また緊張していると何を話したらいいのか思いつかない、それより明日の議題はとか、そんなことをお考えになっているのでしょう。私は話のネタのないエラい人に、プロンプターのようにひそひそと話題を提供したことが何度かあります。

第3章　日本人とユーモア

　というのは、欧米の人たちが、このワインはどうで何の料理に合うとか、この魚はそろそろシーズンだとみんなで歓談しているときに、日本人が全然その話の輪の中に入れないのは残念だからです。日本の大臣の後ろに座っていたとき、「このお魚が、あの有名なドーバー海峡のヒラメでしょうか」と、私がひとりごとのように言いました。すると、大臣が、それをヒントに会話に参加して、それから話題がおもしろく展開したということがありました。
　テーブルマナーは人を見て、そのまねをすればいいのです。難しいことではありません。しかし、人が間違えるとこちらも間違えるということもあります。

　　イギリスの女王が地方へ行かれたときの出来事です。あの国では女王様もひょいと庶民の家へ立ち寄られるらしいのですが、イングランドの田舎を自動車で旅しておられて、喉がかわいた、どこかでお茶をいただきたいということになりました。
　　そうするとお供の者が、それなりの門構えの家に行って「女王様が来られるけれどお茶を出していただけないか」と言った。家の女主人は「大変光栄でございます」と喜びました。
　　息子が、「お母さんはいつも紅茶を飲むときにドブドブッと注いでから、お皿にこぼれたのを飲むけど、それは悪い癖ですよ。女王様の前では、みっともないからやめなさい」と忠告しましたが、当の母親は「心

配しないでいい。絶対にあなた方に恥はかかせないよ」と自信ありげに答えました。

　そして休憩に立ち寄られた女王様を接待すると、大変喜んでお帰りになった。息子が「お母さん、うまくやったかい？」と尋ねたら、「あんた、あんなことを言うけどね、女王様もやっぱりお皿から飲んでいたよ」。

つまり、緊張した女主人がいつものようにお皿から飲んでしまったので、女王が主催者（女主人）に恥をかかせないように、一緒にまねをして飲んだというのです。これは本当に高貴な人でないとできない、すばらしい芸ではないでしょうか。この話もユーモアとともに語り継がれています。

▶第4章
今日から使えるジョーク集

1. 家族のジョーク

子どもと孫

「家族のユーモア（family humor）」は、およそユーモアのうちでも一番基本的で、世界中どこでも笑える普遍的なものでしょう。

> 8人もの（9人でも10人でもいいのですが）子だくさんの男が、「年をとって、わしもまろやかな人間になったものだ」と述懐します。「最初の子どもが咳をしたりクシャミをしたりすると、すぐに病院だ、救急車だ、と騒いだものだった」。首を振りながら「ところが最後の子どもが貨幣を飲み込んだときなど、その子の一週間の小遣いから減額するよと言うようになったんだから」。

これと同工異曲の話。

> 「大変、大変、うちの子どもが5セント玉を飲み込んでしまった！」と騒いでいる親に、「騒ぐなよ、当節5セントじゃ、何も買えないからな」。

子どもの健康・生命を心配しているのに、5セント玉と

いうごく値打ちの低い損失と秤(はかり)にかけるのがおもしろいところです。

　　北極熊の親子の物語です。子熊が父熊に質問しています。
　　子熊：お父さん、僕って、本当にお父さんの子どもなの？
　　父熊：もちろんだよ、間違いなく私の子どもだよ。
　　子熊：じゃあ、お父さんの両親は、両方とも白熊なの？
　　父熊：そりゃあそうだよ。先祖はみんな白熊だよ。
　　子熊：お母さんの両親は？
　　父熊：そちらもみんな白熊さ。
　　子熊：その先祖も？
　　父熊：当たり前じゃないか、なぜそんなことを尋ねるんだい？
　すると子熊は答えました。
　　子熊：だって、僕、寒くって寒くってしかたがないんだもの。

　北極熊の子どもが「寒い」と言っている図は、想像してもおかしいですね。人間家族についても、同じような冗談は言えます。最後のオチは、かわいらしい話です。爆笑ではないまでも、だれでも微笑できる状況です。
　私も2人のかわいい孫に恵まれました。子どもの話、孫

の話は、おそらく世界中どこへ行っても、とげがなく、みんなが喜んでくれる話題です。

いかに孫たちがかわいいかと2人の老人が語り合っています。子どもたち（つまり孫たちの親）は、まるで自分ひとりで大きくなったような顔をしている。そこへいくと、孫たちはほんとに無邪気だ。こんなかわいいものはないというわけです。

　　こんなに孫というものがかわいらしいものだと知っていたら、子どもなんか作らないで、最初から孫を作ればよかったな。

ここで「ものには順番がある」などと異論を唱えては、せっかくのユーモアに水を差します。話の論理・筋道のどこか一カ所を「無視する」「忘れる」ことで不条理のおかしさが生まれるわけですから。

　　大きなスーパーマーケットで、小さな女の子が母親にはぐれたと見え、店の中を必死の形相で駆け回りながら、"Mary, Mary, Mary!!!!"と母親の名を叫んでいます。
　　やっとお互いを見つけたとき、母親が子どもを叱りました。
　　Don't call me Mary. I'm your mother.
　　（メリーなんて呼ぶもんじゃありません、私はあなた

の母親ですよ)
　すると、女の子は答えました。
　But there are many mothers in the store!
(「お母さん」と呼んだって、お店の中にお母さんは大勢いるんだもん)

　こういった、いつどこで語っても害がなく健全な「家族のジョーク」は、雑誌『Reader's Digest』(戦後、日本語版『リーダーズ・ダイジェスト』がとてももてはやされましたが、既に廃刊)に毎月載っている読者投稿のジョークのページ "Laughter, the Best Medicine (笑いは百薬の長)" に数多く収録されています。英語は比較的簡単なので読みやすいでしょう。それをまとめて本にした同タイトルのペーパーバックも安価で、そして容易に入手可能です。

夫と妻、そして姑

　夫が妻と激論をしています。これを見て夫の友人が理を説いて聞かせました。
　「君のやることが、わからん。俺の家では何事もルールに従うので、一切口論することなどないよ。大事なことは私が決め、細かいことは家内が面倒を見る」
　「でも何が大事で、何が細かいことなのか、どうしたらわかるかね」
　「簡単さ。家内は子どもの教育のこと、どの医者にするか、休暇はどこに行くか、買う車は何にするかの類

いを決める。こんなのは細かいことだ。私のほうは北アイルランド問題、リビアに制裁を加えるか、中東問題などさ」

　何のことはありません。この亭主、結局は女房の尻に敷かれているのです。この噺は、日本でもすぐ応用が利きますね。「憲法第九条」とか、「原発」とか、「自衛隊海外派遣」とか。

　妻の母が新婚所帯に一緒に住むというのは男にとって大きな譲歩です。日本では妻と夫の母親（つまり、姑）の確執がよく言われますが、外国では夫が妻の母親を怖がったり嫌ったりしています。

　　There comes a long funeral procession. Behind the hearse walks a man in black holding the rein of a ferocious-looking Doberman pinscher. A passerby is curious: Excuse me, sir, whose funeral might this be?
　　The man in mourning replies: This is my mother-in-law's funeral. This dog here bit and killed her. The passerby says "I'm terribly sorry to hear it. But, I wonder, when your funeral is over, may I possibly borrow the dog?" The man points to all the men

following him, and tells the passerby "Join the line."

　大通りを盛大な葬列がやって来る。霊柩車(れいきゅうしゃ)の後から喪服を着た男が、獰猛(どうもう)で有名なドーベルマン犬の手綱をしっかり握って歩いてくる。その後に、喪服の男が大勢連なって歩いている。通行人は尋ねる。
「お取り込み中、恐れ入りますが、どなた様のご葬儀で？」
　犬を連れた男は答える。
「私の姑の葬儀だ、この犬が、彼女を噛(か)み殺してしまったので」
「それはご愁傷様です。が、ご葬儀が済んだら、その犬を私に貸してくれませんか？」
　男は後ろを指差して答える。
「行列に並んで」

みんな、獰猛な犬を借りるために並んでいたのです。それほど姑を殺してやりたいと思う男が多いという話。日本では、妻が夫の母を煙たがるのが普通ですが。

2. 男女のジョーク

遠くて近きは男女の仲?

　男女関係や男と女の違いを語るジョークは、時と場合を選びますが、ネタは尽きません。

　　　男が女とベッドにいるとき、ドアを叩(たた)く音。
　　　女：大変、私の主人だわ、窓から飛び降りて!
　　　男：飛び降りられないよ、13階だもの!
　　　女：迷信を言ってる場合じゃないわよ!

　間男が窓から逃げるというのは、よくあるジョークのパターンです(こういうのは、『リーダーズ・ダイジェスト』にはありません)。

　　　男が帰宅し、寝室の様子がおかしいので覗(のぞ)いてみたら、妻と同衾(どうきん)していた男が、シーツを腰にまとって大慌てで窓から飛び出して逃げました。「おのれ!」と怒り心頭に発した男は、すぐそばにあった冷蔵庫を持ち上げて(火事場の馬鹿力と言います)、逃げてゆく曲者(くせもの)に「やっ」とばかり投げつけたら、運悪くその男の真上に落下。男は可哀想に冷蔵庫の下敷きになり、即死しました。

死んだ間男は天国へ。真珠の門をつかさどる聖者ペテロは尋ねます。「お前はなぜここに？」
「いや、女のところから一目散に逃げたときに、頭の上から冷蔵庫が落ちてきて、死んでしまったんですよ」
「それは気の毒に。天国に入れてあげましょう。ハイ、その次の方、あなたはなぜ天国に来たのですか？」
「いや、前の彼に冷蔵庫を投げつけて殺してしまったのは、私です」としょげています。ペテロは気の毒に思って、
「では、天国にどうぞ」
と入れてあげました。「さあ、次の方は？」
「いやあ、さっぱりワケがわからないんですよ。女と一緒のところに、いきなり亭主が戻ってきたので、私は慌てて冷蔵庫の中に隠れていたら、冷蔵庫ごとビルの窓から道路へ投げ出されてしまい、気がついてみたらここに来ていたってワケなんですけどね」

次は、神に仕える聖職者が「前科」をほのめかすジョークです。

　　2人の牧師が静かなクラブでワインを楽しんでいます。
　ひとりが語ります。
「婚前交渉など、私は絶対に認めないですね。私は結

婚する前に妻とは絶対に寝ませんでした。あなたは寝ましたか？」

　もうひとりが、ワイングラスを置きながらゆっくりと答えました。

「さあ、よく覚えていませんが。彼女の名前はなんと言いましたっけ？」

英語では、

I never slept with MY wife before our marriage.
（私は結婚する前に妻とは絶対に寝ませんでした）

と、自分の妻には my という「所有代名詞」がつきますが、これに続けて、

Did you?（あなたは？）

と質問すると、「あなたは（あなたの妻とではなくて）私の妻と寝たことがあるか？」との意味にもなります。問われた牧師は、「前科」があるのでしょう。「さあ、すぐには思い出せないが、（あなたの奥さんの）名前を教えてくれれば、（寝たことを）思い出すかもしれない」と、本音が出てしまいました。

　ところで、英語で sleep with...（……と寝る）と言えば、

だれでも男女間のことだと思いますが……。

　ソ連のフルシチョフ首相が、ある共産党年次大会で演説を終えて演壇から降りてきたとき、太った中年の女性代議員が首相をつかまえて言った。
「同志フルシチョフ、私を覚えていませんか？」
　とっさには思い出せない首相は、「すみません、どなたでしたっけ？」
「覚えていないんですか？　一緒に寝たことがあるじゃないですか！」と女性。
「えっ？　まさか！」
「寝たじゃないですか、フルシチョフ同志、私と寝たじゃないですか‼」
「シーッ、大きな声を出さないで！　いったいあなたは何がほしいんですか？」
「ミンクのコートがほしいわ」
　フルシチョフは、口封じに彼女にミンクのコートを買ってやった。
　次の共産党大会。また同じ女が首相ににじり寄ってきた。
「同志フルシチョフ！　私を覚えていませんか⁉」
「いや、覚えていませんな」
「一緒に寝たじゃないですか、同志！」
「シーッ、あなたはいったい何が望みなんですか？」
「キャディラック１台でいいわ」

フルシチョフは、彼女にキャディラックを買ってやった。
　翌年の大会、再び彼女は現れた。
「同志フルシチョフ！　一緒に寝ましたね！」
　憤然としたフルシチョフは「いったい、私がいつ、どこで、あなたと寝たことがあるというんですか⁉」
　すると女は答えた。
「覚えてませんか？　３年前の党大会で、あなたは壇上で寝ていたし、私は自分の席で寝てました」

同床でなく別の場所（席）で、しかし同時に寝た（というよりは眠っていた）ということ。このロシア共産主義アネクドート（小噺）が愉快なのは、幹部も女性に「寝ましたね」と言われると、「叩けば出てくるホコリ」があるから、つい旧悪露見を避けるためにミンクのコートや高級車の贈り物で口封じをするところです。似たようなことがたくさんあったに違いありません。

　実話です。すぐ船酔いする私が、あるとき友人Ｎ君のヨットに招かれて湘南の海に出たのが間違い。たちまち船酔い。友人は、「船の底の寝室で横になっていると楽だよ」と勧めてくれました。ただし「家内も酔って寝ているかもしれないが、広いベッドだから平気だよ」とのこと。
　まともに考える余裕もないほど気分の悪かった私は、ともかく船底のベッドに転がり込みました。隣にだれかいた

第4章　今日から使えるジョーク集

のはわかりましたが、そんなことは気にしていられません。たちまち昏睡(こんすい)。

　やがてヨットが陸に戻り、私は起こされました。すると、なんと隣で横になっていたのは、美人の誉れ高いわが友人の奥さん。恐縮したのはお互い。

　それから20年後。東京の日米協会に招かれて（英語で）講演する私を紹介したのが、なんとこのN君です。

　スピーチの前に軽く皆を笑わせるのは国際的な礼儀。悪戯(いたずら)好きの私は、

> Thank you, Mr. N., for your kind introduction. We have been very good friends for over twenty years...
> （Nさん、ご紹介ありがとうございます。［聴衆に向かって］私たちはもう20年以上も親しい友人です…）

とごく当たり前にスピーチを切り出した後、ちょっとの間(ま)を置いて言葉を続けました。

> ...even though I once slept with his wife.
> （…かつて彼の奥さんと一度寝たことがありますが）

　瞬間、会場にはどよめきと当惑した表情がみなぎりました。私をよく知る友人たちは、また村松は何かイタズラを仕掛けたな、とニヤニヤ。

127

そこで、前述のヨットで船酔いし、互いに相手がだれかも気づかず船底の寝室でぶっ倒れていたエピソードを語ったのです。みんな大喜びで大爆笑。

> It's wonderful that we can stay good friends even after I slept with his wife.
> （奥さんと寝ても親友でいられるというのはすばらしいことです）

と結びました。
　場合によってはちょっと危ないジョークですが、参加者がある程度親しいことが確かな場でしたので、大いに受けました。

　では、ここで教養ある人向きの、ちょっと「しもネタ」を一席…。

> 　学のある男、一夜娼館へ。すると女将（madam）が「申し訳ありませんが、若い女の子が今だれもいません。私でよろしければお相手をいたしましょう」と。
> 　あまり気乗りのしない男は女将と寝室に。服を脱いだら男の「いちもつ」は元気がなく、たった２インチに萎縮している。そこで男は、
>
> 　Rise, Caesar!（立てよ、カエサル！）

とシェークスピアの芝居がかったセリフを唱えると、なんとそれは12インチの立派なものに立ち上がり、2人は結構なひとときを過ごしました。

感銘を受けた女将は、「まあ、こんなご立派なものは、いまだお目にかかったことがございません。この館の女の子たち（girls）をみんな呼び寄せて、拝ませてあげたいと存じますが」と言いました。

すると男は、

No, madam, no. I have come to bury Caesar, not to praise him.
（いいえ、マダム、辞退します。私はカエサル［シーザー］を埋めにきたのであって、褒めにきたのではありませぬ）

と答えたのです。

シェークスピアの「ジュリアス・シーザー」で、シーザーは、ブルータスほか信頼していた部下たちに背かれ、議事堂前で刺殺されます。その遺体の前にかけつけた忠臣マーク・アントニーは、「野心家」シーザーは殺されて当然だと興奮している群集に対して、こう言いました。

I come to bury Caesar, not to praise him.

（私はシーザーを葬るために来たのであって、称えるために来たのではありませぬ）

このジョークが秀逸なのは、bury が「埋める、埋葬する、葬儀に立ち会う」以外に、男がそのいちもつを相方の中に「埋める（＝挿入する）」との意味にも解釈できること。そして、シーザーの例に引っかけて、若い女たちが私を褒めるのは見当違いと言っている学のある謙虚さがおかしいところです。

praise で、元気のなかった息子を立ち上がらせる（raise）の意味を連想させるのも高度な語呂合わせです。

ただし、やはり身体の一部を名指しするのは、同性同士の気の置けない仲間か、よほど物知りわけた通人の間だけに限定すべきです。

アメリカの作家ドロシー・パーカーが、男女の機微について残した名言のひとつです。

> By the time you swear you're his,
> Shivering and sighing,
> And he vows his passion is
>   infinite, undying——
> Lady, make a note of this:
> One of you is lying.
> 私は貴方のものよと

彼の腕の中で震えながら誓うとき
そして、彼の情熱は無限であり
決して冷めないなどと男が約束するとき
あなた(貴女)、お気をつけあそばせ
嘘をついているのですよ、どちらかが

読者の皆さん、このようなお心あたりはありませんか。

  女性が電話に出る。相手の男はまことに申し訳ないという調子。
  男：謝るよ。よく考え直したんだけれど、やはり君に結婚の贈り物としてロールス・ロイスをあげるよ。そしてゴールド・コーストに住むことにしよう。それから、君のお母さんが、一緒に住んでもいいからね。だから、結婚してくれない？
  女：もちろん、結婚するわよ。ところで、あなたはどなた？

このジョークはオーストラリアのネタなので、クイーンズランド州のゴールド・コーストが理想的なところとされています。アメリカだったら、フロリダあたりでしょうか。これだけたくさん豪気なプレゼントをすれば、女性はだれでもイエスと言うものだというジョーク。女性の答えは、

Of course I will (marry you). And who is this speaking?

相手がだれか聞く前にイエスと答えています。

男性か？　女性か？
「コンピュータは、男性か女性か？」と題した、少し長いジョークがあります。

　　フランス語の先生が、クラスで生徒たちに説明しています。
　「フランス語の名詞には、英語にはない文法上の性別があります。たとえば、house は、フランス語では女性名詞を示す定冠詞 la がついて la maison（ラ・メゾン）、pencil なら、男性名詞の定冠詞 le がついて le crayon（ル・クレヨン）となります」
　　すると、ある生徒が質問しました。
　「先生、コンピュータはフランス語で男性ですか、女性ですか？」
　　ところが、先生の辞書には computer のフランス語訳が載っていません。困った先生が生徒たちに「どちらだと思いますか？」と質問すると、男子生徒の大多数は「コンピュータは女性だ」と言い、女子生徒のほとんどが「男性だ」と言います。
　　そこで、クラスを男子チームと女子チームに分け、

第4章　今日から使えるジョーク集

それぞれの主張を裏づける理由を4点ずつ挙げ、ディベートをすることにしました。
「コンピュータは女性だ」と主張する男子チームの理由はこうです。

(1) つくった者にしか、そのロジックは理解できない。（難解過ぎる。女性の理屈は、造物主つまり神様にしか理解できない）

(2) 使用する言語は、専門家以外には理解不可能。（女性の言うことは、男性にはわからない）

(3) 些細なエラーをいつまでも記憶し、すぐに取り出して批判する。（女性は昔の些細な過ちをいつまでも忘れず、ちくりちくりと嫌味を言う）

(4) 本体を選んだら、その後は「付属品」に収入の半分を使わねばならない。（女性もパートナーにすると「装身具」におカネがかかる。ともに英語でaccessories）

それに対して、女子チームは次の理由で「コンピュータは男性だ」と主張します。

(1) 始動させるには、まず「電源を入れて」立ち上げてやらねばならない。（男性も気を引くためには「興奮させてやらねば」ならない。ともに英語でturn on）

(2) データはたくさんあるが、使い方がまったくわからない。（男性にはどこから話題に入っていいか、糸口がつかめない。英語ではclueless）

⑶　問題を解決してくれるはずなのに、ほとんどの場合、それ自身が問題。（男性もまさに同じ）
⑷　購入を決めた途端に気がつくことは、もうちょっと待てば、もっと高性能なモデルが出てきたのに。（後になって、もっといい男性が現れるもの）

　さて、ディベートに勝ったのはどちらのチームでしょうか。
　男子チームは「コンピュータは女性だ」と主張しながら、その理由⑴で「女性はロジックに弱い」という男の見方をさらけ出し、理由⑶でも「女性は執念深い」という見方にとらわれています。理由⑷にいたっては、妻や恋人にはいつも何かプレゼントをしていなければ……という男の心理を自ら茶化しています。
　それに対して女子チームは、理由⑴で、turn on という熟語が持つ2つの意味をうまく利用した言葉遊び（wordplay）を披露しています。もう、これだけで女子チームに軍配を上げなければなりません。何かを「ターン・オン」するとは、「起動させる」「その気にさせる」「興奮させる」という意味があるのです。

このジョークを英語で語るときは、

Is the computer a man or a woman?

でもいいし、

Is the computer male or female?

としてもかまいません。日本語で「性別」と言っても sex や gender を使う必要はありません。かえって、What is the gender of the computer? では、物事の定義を尋ねているようで、おもしろみに欠けます。

　ジョークが受けるか受けないかは、すべて、あなたの語り口ひとつです。練習しましょう。だれも笑わなかったときには、

My joke fell flat.（ジョークが受けなかった）

と言います。大切なのは Practice, practice, practice. です。ちょっと余談ですが、practice にまつわるジョークをご紹介します。

　　楽器のケースを抱えたある日本人の若者が、ニューヨークの街角で地元人らしき人に道を尋ねます。

　Excuse me, how can I get to Carnegie Hall?
　（失礼ですが、カーネギーホールへは、どうやったら行けるのですか？）

ニューヨーカーは答えました。

Practice, young man, practice.
（若者よ、練習だよ、練習）

　地理的な助言を求めたのに、音楽家としての習練を説かれたという食い違いがおもしろいですね。これを語るときには、practice の「ラク」（2 回出てきます）と young の「ヤン」を強調して発音するのがコツです。女性だったら young lady です。young woman と呼びかけるのは、失礼な感じです。よほど粗野な人が、軽蔑(けいべつ)的な意図を持ったときだけでしょう。

「神様」は、男性か女性か？
　この命題も、フェミニズムの台頭以来もう数世代にわたって、冗談まじりによく論じられてきました。次のジョークは出色です。

When God created man, she was only joking.

「神が人類をつくられたときには…」と始まりますが、続く代名詞 she と聞いたとき、「おや、神様は女性だったのか？」と思わされ、最後の「彼女はただふざけてやったことだ」で、完全にかつがれたことに気づき、男性は苦笑し、女性は誇らしげに笑います。

もう1つ。神様に会ってきたという男の話。臨死体験をしたようです。

> What was God like？
> （神様って、どんなお姿だった？）
> 彼は答えました。
> She was black.
> （彼女は黒人だったよ）

「神様」というと、ミケランジェロが描いたバチカンの天井フレスコ画「天地創造」のように、筋骨たくましい初老の男性を思い浮かべますが、これは先入観なのです。このジョークは、「実は女性であった神様は、まず冗談半分に男をつくり、次にまじめに女をつくった。だから男は不恰好、女は美しい姿」という、意外な笑いを生み出しています。このジョークは、男性・白人中心のものの見方を揶揄した傑作です。

うまいジョークには、私たちに先入観や偏見を気づかせてくれるという効用がありますね。

3. 政治家・官僚のジョーク

笑いでお上(かみ)を斬る
政治家や官僚は、ジョークの格好の的です。

> 権勢を誇っていたころのサダム・フセインが、側近のタハ・ヤシン・ラマダン副大統領とタリク・アジズ副首相と会談しているところに、カラスがたくさん飛んできた。うるさいので、フセインはヤシンに機関銃でカラスを撃ち落とすよう命じるが、副大統領は1羽も殺せない。次にアジズに同じく命じるが、副首相も失敗。ついにサダム自身が撃ったが、カラスは1羽も落ちない。気まずい沈黙。悠々と飛び去るカラスの群れを指差したアジズは、得意げに叫んだ。

My God, would you look at that! Dead birds flying!
(大統領、ご覧ください。死んだ鳥が飛んでいます!)

フセインの命令は絶対。カラスを撃ち殺すべきだったが、逃がしてしまった。処罰されるのが怖くて、「死んだ鳥です」と言い逃れたという話。日本の古典落語には、逆に、庶民が誤って保護されている神鹿を殺してしまって罰せら

れるところを、粋な殿様が「これは犬と誤って殺したに違いない。これは犬じゃな。そうだ、犬だ」と無罪にするという噺(はなし)があります。フセインとは正反対です。

長年、政治風刺やフセイン批判のジョークなどを語ると重罰に処された人々（旧ソ連も同じだった）も、今や大っぴらにジョークを楽しんでいるとのこと。

余談ですが、冒頭のカラスを撃ち落とす話で思い出すのが（といってジョーク好きは延々と噺を続ける）、次のジョークです。

　　アメリカ西部の酒場で早撃ちの名人と日本のサムライが腕自慢をしていました。
　飛んできた１匹の蠅を、ガンマンがピストルを抜くやいなや見事に撃ち落とした、と見えたが蠅は悠々と飛び続けています。衆人環視の中、今度はサムライが目にも止まらぬ早業で蠅に一太刀浴びせた。はて、蠅は依然として飛び続けている。
　酒場の一同は「まだ飛んでいるじゃないか」と不満です。サムライは、刀を悠然と鞘(さや)に収めてこう言いました。

That fly will have no descendants.
（あの蠅には、もう子孫はできぬ）

ここで、蠅の体のどこを切ったかを口に出すのは野暮と

いうものです。

> 旧ソ連時代の大臣が自動車工場を視察したときのこと。工場長自ら大臣を案内しました。視察を終えたときに、工場長は車を無料で提供すると大臣に申し出ました。
> 「それは困る。受け取るわけにはいかん」
> 「でしたら5ルーブルいただきます」
> 大臣は10ルーブル札を渡しました。
> 「それなら2台買おう」

オチは英語では、

In that case, I'll take two.

収賄してはならぬというのは「建前」で……ということ。こうした反体制・反権力者ジョーク（ロシア語で、アネクドート）には、強烈な風刺精神が込められています。
江戸時代の川柳に、「役人の子は、にぎにぎをすぐ覚え」というのがありました。洋の東西・古今を問わず、こうしたことはあったようです。

> レセプションの華やかな席で、ひとりの客がある大物政治家に近づいてきて、握手をしながら言いました。
> 「いろいろと閣下についてはうかがっております」

すると政治家は即座に答えました。
「でも1件も証明はできないだろう?」

「うわさ」や「評判」と言えば、自分に不利なことに違いないと戦々恐々としている政治家は、どの時代にもいるようです。

> Doctor: I'm pleased to tell you that you are the father of triplets.
> (おめでとうございます、三つ子です)
> Member of Parliament: Ridiculous, I demand a recount.
> (馬鹿な、再計数を要求する)

議員というのは、投票数が気になるのでしょう。もっと多いはずだと思いたいのでしょうか? 再計数を要求するというところが議員さんらしいところです。

古今東西のアイロニー
行政改革を必要としているのは日本や社会主義国、全体主義国だけではありません。官僚主義(bureaucracy)は、大昔からあったようです。

> Why wasn't Rome built in a day?
> (ローマは一日にしてならず、なぜだろう?)

Because it was a government job.
（公共事業［つまり役人仕事］だったからさ）

古いことわざ "Rome was not built in a day." を元にしたジョークです。

「なぜ首都ワシントンには、一方通行の道路がこんなにたくさんあるのだろうか？」
「ゆっくりと出勤してくる役人たちの車が、早めに家へ帰る役人たちの車と、衝突しないようにさ」

私はワシントンに10年住みました。事実、一方通行は多いです。

ワシントンのカクテルパーティで知り合った2人の男の会話。
「最新のホワイトハウスについてのジョークを教えようか？」
「気をつけて物を言いたまえ、私はホワイトハウスに勤務しているんだよ」
「ご心配なく、ゆーっくり説明してやるから」

ホワイトハウスに勤務している手合いは頭が悪いから、というジョークです。

第4章　今日から使えるジョーク集

手紙の書き出しは、「親愛なるミスターだれそれ」など、Mr.、Mrs.、Miss といった敬称をつけるのが慣わしです。このごろは Mrs. と Miss の区別をするのは差別だとして、女性はすべて Ms. に統一されました。

『キャッチ22』（原題は Catch 22、Joseph Heller 著）は役人気質を愉快に茶化した小説です。その中にこんな役所的作文の例があります。

> 親愛なる Mrs., Mr., Miss, or Mr. and Mrs. [名前]、
> 　私はあなたの夫君、令息、兄弟、または姉妹が、このたびの戦闘で重傷を負われたことに、心よりご同情申し上げます。

つまり、どれか1つは当たるだろうという書式の手紙（form letter）というわけです。

> 英国陸軍省のある高官が語った言葉: 英国は、新ミサイルシステムを開発した。その名は、「公務員」。働かない（操作しにくい＝It doesn't work.）、そして、くびにできない（発射できない＝It can't be fired.）。

fire という動詞には、「発射する」と「解雇する」の両方の意味があります。

役人を揶揄（やゆ）するときによく使われる「責任転嫁する」は英語で pass the buck と言います。buck は buckslip と呼ばれる、役人の間で書類を回すときに（クリップで）添付する小さな書式。「FROM: だれそれ」「TO: だれそれ」「SUBJECT: 件名」「DATE: 日付」などを記入するスペースがあり、その下の「該当項目」に印をつけるようになっているものです。たとえば、次のような項目があらかじめ印刷されています。

　　Action（行動・実施）
　　Concurrence（同意を求める）
　　Info（参考）
　　File（ファイル）
　　See me（打ち合わせしたし）

　最後の See me は、「私に（この件で）会いに来い」という命令なのですが、私が19歳で丸の内の米軍機関に勤めたとき、"See me." と書かれたメモの意味がよくわからず、上司を部屋の隅からしばらく「見て」いたことがありました。彼が手招きしたとき、はじめて私が来るのを待っていたのだと知ったのでした。

　トルーマン米大統領（広島・長崎への原爆投下を決定した大統領）の机の上に、

THE BUCK STOPS HERE

というサインが置いてあったのは有名な話です。書類を右

から左にたらい回しにする官僚たちへのメッセージで、自分（大統領）はだれにも責任を転嫁できない、最終決定をするのは自分だ、という決意の表明です。

　組織の中で書類を回覧するときに、今はポスティット（Post-it）という粘着剤のついた用紙を貼るのがはやっています。私は、アメリカ大都市の大きな文房具店や書店などで売っている、ユーモラスなポスティットをよく収集したものでした。

　ちょっとショッキングな紫色のスリップの左上に大きめの字体でSEX。こんな紙を受け取れば、だれでも「？」と思って書類を取り上げます。するとそのスリップの下に、小さな字で、

> I just wanted to get your attention.
> （見てもらいたかったから）

とプリントしてあるのでした。

> I am the boss. That's why.

というのもありました。「私がボスだ、つべこべ言わせない」というニュアンスです。
　逆に、弱気なのもありました。

> I have to justify my salary.

（給料に見合う仕事をしなくちゃ）

　一番不気味なブラックユーモアは、やはりこれです。核施設などに見られる危険を意味する濃い黄色の紙にこう書いてあります。

Disregard this instruction in case of total nuclear war.
（全面核戦争の場合は、この指示は無視して可）

　ポスティットからも、アメリカ人のユーモア感覚を知ることができますね。

　共産主義時代のソ連式ジョークです。

　　集団農場の監督になった男がデスクに２通手紙が入っているのに気づきました。前任者からの申し渡しの手紙で、問題が起こったときに封筒を開けるよう指示がありました。
　　数年後、農場では割り当てられた収穫が上がりませんでした。監督は例の手紙を思い出し、１通目を開けました。
　「前任者のせいにせよ」
　　忠告は効きました。しばらくは監督の地位は安泰でした。しかし不作の年がやってきて、事態はにっちも

さっちもいかなくなりました。監督は2通目の手紙を開けました。
「手紙を2通したためよ」

くびだから後任者に申し渡しの手紙を書けということですね。
同工異曲のジョークは、現代のアメリカにもあります。

　レーガンが大統領になったとき、前任者のカーター大統領からの事務引き継ぎで、「危機が来たら、この3つの封筒を順番に開くとよい」と申し渡されました。
　経済不況が続きました。レーガンはまず1つ目の封筒を開きました。
「前任者のせいにせよ」
　そこで、「不況は前大統領のせいだ」と言い抜けました。
　さらに深刻な大不況が来たとき、2つ目の封筒を開きました。
「連邦準備銀行総裁のせいにせよ」
　それでもとうとう国家財政は破綻(はたん)しそうになったため、3つ目の封筒を開きました。
「3通の封筒を準備せよ」

つまり、退任してしまえということです。

イスラエルの外交官と欧州連合（EU）の外交官が、国連について侃々諤々(かんかんがくがく)の議論をしています。とうとうイスラエルの外交官は腹立ち紛れに言いました。
「あらゆる問題には４つの側面がある」
「４つの側面ですと？」
「いかにも。私の見解、そちらの見解、正しい見解、そして国連の見解だ」

今の世界情勢、なかんずく、イスラエル・パレスチナを巡る中東情勢の複雑さが現れています。

4. 弁護士・銀行家のジョーク

Lawyers and Other Reptiles

弁護士と銀行家は職業柄、冷酷なイメージがあり、それがジョークのネタにされます。

　　結婚式に行く途中の若い男女が、気の毒に交通事故で死んでしまいました。天国へ行き、「真珠の門(Pearly Gates)」で聖ペテロに、天国で結婚できるかと聞きました。聖ペテロは、よく規則を調べてから返事をすると答えました。
　　1年も経ってから戻ってきた聖ペテロは、「天国での結婚も可能」と答えました。そこで、カップルは、もし結婚生活がうまくいかないときは天国で離婚もできるかと尋ねました。
　　「なんてことを！」と聖ペテロは嘆きました。
　　「坊さんを探すのに1年かかったというのに、この上、弁護士を探せって言うのか！」

天国に弁護士（lawyers）などいるはずがないというジョークです。

　　神様と悪魔が議論をしています。場所は天国の入り

口、真珠の門です。
　神様：この門を見たまえ、傷だらけでガタガタだよ。みんなこの門を開けて入りたがるので、お前のところ（つまり地獄）が人口過剰にならぬようにと思って、なるべく入れてやったからさ。修理しなければならないから、修理代を半分負担しないか。
　悪魔：とんでもない！　びた一文出すものか。
　神様：ようし、それじゃあ起訴するぞ。
　すると悪魔は勝ち誇ったように言いました。
　悪魔：ヘッヘッヘ、弁護士はいったいどこで探すつもりかね？

　弁護士はみんな地獄に落ちているというオチなのです。今のところ、アメリカほどの訴訟社会（litigious society）ではない日本では、ローヤー・ジョークははやりませんが、アメリカではだれでも口にします。愉快なのは、しばしばローヤー（弁護士、広義では法律専門家、法科大学院卒業生はすべて lawyers と呼んでよい）自身が、こうしたジョークを作り、語り、広めています。自信があるからなのですね。もしも、ローヤーであることに劣等感やひがみを感じていたらできないことです。

　　弁護士の団体がチャーターした旅客機が、テロリストに乗っ取られました。テロリストは、要求が認めら

れない場合は、機内の弁護士を1時間にひとりずつ「釈放する」と脅迫しています。

　要求を満たさなかったら、ひとりずつ「殺す」が定番ですが、ローヤーたちの場合は、また社会に戻すと言ったほうが脅しになるのですね。ユーモアの原点の1つは、突如視点を正反対にすることの滑稽(こっけい)さと非合理性です。

　Ninety percent of the lawyers give the rest a bad name.
　（弁護士たちの90パーセントが、残りの10パーセントの名誉を傷つけている）

　これも同じく視点を急転させたおかしさです。普通だったら、「一部の人たちが、全体に汚名を着せている」となるところです。

　Q: How do you know the lawyer is lying?
　　（弁護士が嘘を言っていることが、どうしてわかるのか？）
　A: 唇が動いているからだ。

とは、昔から語り継がれているジョークです。弁護士が言うことはすべて嘘だ、ということ。
　日本には「三百代言」という言葉があります。『広辞苑』

によると、①明治前期、代言人の資格がなくて他人の訴訟や談判を引き受けた者。また、弁護士の蔑称、②転じて、詭弁を弄すること。また、その人。とあります。

「ダニ」と「弁護士」はどう違うか？　ダニは宿主が死んだら離れていく。弁護士は、依頼人を吸い尽くし、死んでも簡単には離れない。

弁護士は骨までしゃぶりつくすというわけですね。

飛行機がエンジン故障で不時着することに。乗客はみんな席に座って安全ベルトを締めるよう、機長がアナウンスしました。全員がベルトを装着した中で、弁護士だけは乗客に名刺を配って歩いていました。

けがをしたり死んだりしたら、私を弁護士に雇いなさい。うんと賠償金をとってあげますよ、というわけです。もっとも死ぬときはみんな一緒でしょうが。

ニューヨークの隣りにニュージャージー州（New Jersey）があります。私が同時通訳者としてアメリカ国務省に雇われて渡米した当時（1956年）、この州にある石油化学工場の煙突とそこから出てくる排煙を見て、「これがアメリカの産業だな」と感心したものでした。しかし後に、これが環境破壊の元凶となります。

第4章　今日から使えるジョーク集

> Q：なぜニュージャージー州には毒性廃棄物処理場が多く、首都ワシントンには弁護士が大勢いるのだろうか？
> A：ニュージャージーが最初の選択権を持ったから。

　処理場と弁護士のどちらかを選ぶとき、ニュージャージー州はジャンケンに勝ったので、処理場を選んだのだというジョークです。
　弁護士や銀行家は冷たい、つまり冷血だ（cold-blooded）ということで、しばしば冷血動物の典型、爬虫類（reptiles）になぞらえられます。
　カリフォルニア州のローヤーであるドン・デービス（Don Davis）さんと私は、歴史の古い経済人の会議である日本カリフォルニア会（現 日本米国西部会）の勉強会で、何年も一緒に共同議長を務めてきた仲間です。
　彼は私に会うたび、「新ネタ」のローヤー・ジョークを嬉々として教えてくれます。また、私も人前で彼と共同議長をするとき、新しいローヤー・ジョークをアイスブレーカー（icebreaker）として使ってはみんなを笑わせ、会の雰囲気を和らげたものでした。親しい仲間同士では、第三者には侮辱ととられかねない冗談も、それはまさに自分たちの親密さを披露する意味があるのです。
　ある会議でのこと。冒頭で私は新しい試みをしました。わざと彼に最初に開会の挨拶をさせておいて、次に私がこう切り出しました。「多くの参加者がご存じのように、こ

こで私はいつもローヤー・ジョークを1つ語って、皆さんとの間の氷を割るのです（つまりアイスブレーキング）。しかし、考えてみると、彼は今まであまり通訳ジョークを語っていません。ですから、私は、もうローヤー・ジョークを語らないことにします」

ここまで聴くと、私を知っている人たちは皆、「また何か悪戯を企んでいるな」とニヤニヤして期待しているのです。タイミングを見計らって私は言いました。「ですから、ローヤー・ジョークを知りたい人たちは、私が今朝アルバカーキ空港で乗り換えるときに、空港の本屋で買ったこの本をお勧めします」と言って、小ぶりな本を見せました。遠くからは書名は読めません。

「そうそう、本の題をお知らせせねば。『Lawyers And Other Reptiles』です」

満場、大爆笑でした。「弁護士、そのほかの爬虫類」、つまり、弁護士は爬虫類みたいな、冷血で不気味な奴らだというふざけた題名です。しかし、私がそう言ったのではなく、そういう題の本がありますよと言っただけです、という捻った冗談。そこでドン・デービスさんは、わざと口惜しそうに苦笑いして、「スヌーピー」の漫画でいつもガールフレンドのルーシー（Lucy）にいじめられては地面を叩いて嘆き悲しむチャーリー・ブラウン（Charlie Brown）よろしく、テーブルを叩くまねをして、みんなを大喜びさせたのでした。

第4章　今日から使えるジョーク集

　アメリカの大平原を走る道路に、車に撥ねられて死んだスカンクと、死んだローヤーが横たわっています。どこが違うかっていうと、スカンクのそばには、急ブレーキをかけた跡がある。

　恐ろしいですね。ローヤーだったら、ひき殺してしまう。しかし、スカンクをひくと、ものすごい悪臭が体にしみこむから避けようとしたわけです。
　オーストラリア版だと、スカンクの代わりに、絶滅のおそれのある「カモノハシ」（platypus）となります。ジョークは、時代と土地が変わると、少しずつお色直しをして現れてくるものです。

> A banker is a man who lends you an umbrella when the weather is fair, and takes it away from you when it rains.
> （銀行とは、天気のときに傘を貸してくれて、雨が降ったときにそれを取り上げるところ）

　これは古くから言われている名言で、『The Penguin Dictionary of Modern Humorous Quotations』などにも載っています。だれが言い出したのか、出典不明、「詠み人知らず」というところです。こういう場合、「無名」の意味で anonymous と表示されます。辞典では通常、Anon. と省略形になりますが、これを「アノン」と誤って

読み、「名句辞典を見ていると、アノンという奴は、昔からずいぶんたくさんの名言を残しているんだな」と感心した人がいるというジョークがあります。

世界に冠たる日本の「サツカン」

アメリカの現大統領ジョージ・W・ブッシュ氏が当選したときは、フロリダ州の有権者たちの投票計数システムに欠陥があり、大問題になったのはまだ記憶に新しいことです。その当時、作者不詳の秀逸なジョークが世界中のビジネスパーソンの間を駆け巡りました。さすが、インターネットの時代ですね。票数が足りなかった民主党陣営が、なんと日本の銀行に票の再勘定を依頼したというのです。「サツカン」(お札を勘定すること) という金融機関の業界言葉 (jargon) を使っているところから、この作者はきっと日本人だと私は推察しています。札勘定という作業から、日本人は器用で正確であると世界では見られていることがこのジョークでわかります。後の世に留めたい傑作、ここに記録しましょう。

Mizuho Saves Miserable Florida
　　Just about when everyone had given up the manual count of the butterfly ballots in the three counties in Florida, with the possibility of as many as 618,000 votes going uncounted, the new Mizuho financial group of

Japan, comprising of DKB, Fuji Bank and the Industrial Bank of Japan, came up with a novel proposal to undertake the speedy count once and for all.

The three CEOs of the group and 333 elite bill-counting experts, 111 from each bank, arrived in Miami. Armed with an unheard-of expertise (called "Satsukan," or bill-counting), these men went straight to work, working through nights despite of or because of jet lag, completing the task with great speed.

日本の巨大銀行グループ、米国大統領選挙の手詰まりを解決

フロリダ州3郡での大統領選挙の手作業集計は不可能と作業員がボイコット。618,000票が無効になると州選挙管理委員会は天を仰いだ。そこに日本の「みずほグループ」のCEO3人が手作業要員333人を送り込むことを提案。内訳は第一勧業銀行（DKB）、富士銀行、日本興業銀行（IBJ）から各111人。アメリカにはない特殊技能を備えた精鋭「札勘」部隊である。

一行は長旅の疲れもみせず、作業所に直行。直ちに作業に入る。時差をものともせず、もしくは時差ゆえ眠くならずに、驚くべきスピードで深夜の作業を進めていった。

Both Bush and Gore camps tried to pressure and influence this work one way or another, but because the Japanese didn't understand what they were saying, minded their own business.

ブッシュ、ゴア両陣営は様々なプレッシャーをかけたが、英語のよくわからぬ銀行員は、雑音に悩まされることもなく、黙々と作業を続けた。

The result was a sizeable margin of victory for Gore. Furious, Bush sought to bring the case to the court. However, when Bush referred to the Fuji Bank as "Geisha" Bank, mispronouncing the IBJ as the "International Bank of Japan," and confused the DKB as Dresdnerbank of Germany, people concluded that he was unfit to be President. And Bush gave up the court fight.

ゴア氏が大逆転という結果にブッシュ氏は裁判所に持ち込む構えをみせたが、富士銀行のことを Geisha Bank、IBJ を International Bank of Japan などと呼び、DKB をドレスナー銀行（ドイツの Dresdnerbank）と間違えたりしたために、「大統領の資質に欠ける」と批判され、ブッシュ氏は提訴を断念した。

President Clinton told the press that he was pleased that the presidential election was finally completed thanks to the cooperation of America's good partner, Japan. Mizuho financial group received the professional fee of $4 million, which amount vexed the three CEOs as the amount was not cleanly divisible three ways. That notwithstanding, the group announced the birth of a new business line of vote counting. Moody's promptly upgraded Mizuho's rating.

クリントン大統領は「良きパートナーである日本の協力で大統領選が完了したことをうれしく思う」とコメントを発表した。みずほフィナンシャルグループは400万ドルの手数料を受け取ったが、3人のCEOは、この3等分できない金額に頭を抱えている。しかしこれにより選挙集計という新ビジネスを確立。ムーディーズはただちに同グループの格付け引き上げを発表した。

Meanwhile, the 333 elite Satsukanists were given a week's bonus holiday, and fanned out excitedly to Disney World, Universal Studio, Palm Beach golf courses, and shopping arcades.

この間、elite Satsukanistの333人は、1週間のご褒美特別休暇をもらい、ディズニーワールドに、ユニバーサル・スタジオに、パームビーチのゴルフに、ショッピングにと一斉に散っていった。

　Executive Vice President Emma of Chase Manhattan Bank was speechless beyond expressing his utter admiration and horror for this fiercely competitive expertise unknown in the U.S. banking industry.
　チェースマンハッタン銀行のエマ副社長は「われわれにはないエクスパティーズ（専門技術）であり、大いに脅威を感じる」と語った。

　Ever so shrewd in exploiting a new market, Mizuho wanted to go to East Timor to help vote-counting. The plan had to be shelved when the workers refused to go down there to suffer the unduly harsh working conditions. Now in Florida the word "Satsukan" became a part of the English vocabulary, and the T-shirts bearing the logo of this neologism and the likeness of Pokémon are selling like hotcakes.
　次は東ティモールで選挙集計ビジネスと、みずほ銀

行は目論んだが、労働条件の悪化を理由に従業員から反対された。今、フロリダではSatsukanが流行語になり、この新語のロゴとポケモンの絵をプリントしたお土産Tシャツが飛ぶように売れているという。

　このジョークが世界中を飛びかっていたころは、まだ日本の銀行はそれほど危機的状況には陥っていなかったのでしょう。

5. 社会風刺のジョーク

笑いのパワー
　庶民が貧しさを笑い飛ばしたり、各国の先入観を笑い合ったりするジョークです。

　　イラク人のテレビレポーターが、アメリカ人、アフガニスタン人、そしてイラク人の3人に尋ねた。
　　What is your opinion about electricity shortage?
　　（電力不足についてのあなたの意見は？）
　　それに対してアメリカ人は、
　　What's an electricity shortage?
　　（電力不足って何ですか？）
　　アフガニスタン人は、
　　What's an electricity?
　　（電力って何ですか？）
　　そして、イラク人は、
　　What's an opinion?（意見って何ですか？）
　と聞き返した。

　今までは電力不足など縁のなかったアメリカ、電力が慢性的に不足のアフガニスタン、意見など持つことは許され

なかったイラクを風刺しています。まったく同じパターンのジョークが、旧ソ連時代の庶民の間で語り継がれていました。

　共産主義時代のモスクワ。共産主義者、社会主義者、そして自由主義者の3人の男が一緒に歩いていた。突然、社会主義者がどこかへ消え、大分時間が経ってから、茶色い紙袋を大事そうに両手に抱えて戻ってきた。「どこへ消えていたのだ？」と2人に聞かれた社会主義者は、「行列が並んでいるのを見たので、ともかく並んだ。バターを買うための行列だった。だからバターを買ってきたのさ」。
　それを聞いた自由主義者は「行列って、何のことだ？」と怪訝(けげん)そう。共産主義者は首をかしげて「バターって、何のことだ？」。

自由主義国には行列などないが、共産主義国ではバターなどもう長いこと手に入らず、みなその名前も忘れているというジョーク。

　肉屋で配給だというので大勢が行列。やっと自分の番になったら、肉はすべて売り切れ。怒り心頭に発した男、肉切り包丁をつかんで、「クレムリンへ行って、フルシチョフを殺してやる！」と飛んでいった。
　やがてこの男、すごすごと戻ってきた。

「クレムリンの前に、肉切り包丁を持った男たちが大勢、行列していたもんで」。

このジョークは、フルシチョフ以前にも、指導者の名前だけを入れ替えて長年語り伝えられてきました。

There is no such thing as a completely new joke. Every good joke is a recycled old joke.
(世にまったく新しいジョークなどはない。すべてのおもしろいジョークは、古いジョークの焼き直しである)

とはまさに至言です。

アメリカで Black Monday(1987年にニューヨークで起きた株式市場の大暴落)のころ、はやったブラックジョークです。

 ビジネスマンがウォール街のホテルにチェックイン。
 I'd like a room on a very high floor.
 (高層階の部屋を頼む)
 するとカウンターのスタッフは
 To sleep or to jump?
 (寝るためですか、飛び降りるためですか)
 と尋ねたという。

第4章　今日から使えるジョーク集

エジプトでの小噺です。

　貧しい農民が、今日は食べ物を持って帰ると妻に約束しました。魚釣りに出かけ、長い時間をかけてやっと大きな魚を釣り上げました。走って家に帰ると、農民は妻に言いました。
「魚だ。焼いてくれ」
「石炭がないよ」
「炒めてくれ」
「油がないよ」
「煮てくれ」
「きれいな水がないよ」
　農民はナイル川に行くと、その魚を放り投げました。すると魚はうれしそうに飛び跳ねて、
　Long live, Nasser!
（ナセル、万歳、長生きを！）
と大声で言いました。

エジプトのナセル大統領は、イスラエルとの関係を正常化し、中東を安定させようとした指導者でしたが、国民の間では、生活難をこんな小噺で笑って苦しみを忘れようとしていたのでしょう。

　ペルシャ湾（アラブ諸国ではアラビア湾と呼ばれている）の海辺でカエルが日向ぼっこをしているところ

に、サソリがやってきて、向こう岸まで背中に乗せて運んでくれないかと頼みました。
　カエルは断ります。

No, you are a scorpion and would sting me to death.
(いやだよ、お前はサソリだから俺を刺し殺すんだろう)

「そんな馬鹿なことを！」とサソリは答えます。
「刺したらお前は死ぬが、俺も溺れ死ぬじゃないか」。

All right. Climb on my back.
(まあ、そうだな、じゃあ背中へ乗りな)

と、カエルは答えました。サソリはカエルの背中に乗り、2匹は海を渡り始めました。
　海の真ん中で、サソリはいきなりカエルを刺しました。苦しみ溺れながらカエルは叫びました。
「なぜ、こんなことをしたんだ！」
　サソリは答えました。「ここは中東だぜ」

　古くから欧米で語り継がれてきた有名なジョークです。不合理な話です。西側の偏見・無知も多少はあるでしょうが、中東ではどう考えても理屈に合わないことが起こると

いうことを、うまく笑っています。

　いまや古典になった「比較文化ジョーク」です。

　　大学の先生が学生たちに宿題を出しました。題は「象」について、内容は何でもよし。
　　ドイツの学生は、象の存在の哲学的分析という分厚い学術書を提出しました、締切日ピッタリに。そしてよく見ると、論文名の下に小さな文字で「その概要」と書かれていました。
　　イギリスの学生は、アフリカでサファリと象狩りを楽しむ法という旅行案内書を出してきました（今なら、「なぜイギリス人は象狩りはやめたけれど、狐狩りは続けているか」という広報パンフレットを提出した、となるところ）。
　　フランスの学生が出したのは、象とその性生活についての魅力的なエッセー。
　　アメリカの学生は、「趣味と実益を兼ねて、庭で象を飼育する法」という営業案内書を書いてきました。
　　そして、日本の学生は「世界における象研究の比較的考察」というレポートを提出。独創性には欠けているけれど、徹底した調査でした。

ままにならぬのが人の世だというジョークを少し紹介しましょう。

パキスタンの若い役人が結婚しました。しかし、住まい探しがなかなかうまくいきません。母親がとうとう、イスラムの聖人を訪ねるよう勧めました。

　若い役人が聖人に、「小さいアパートを探しています。あんまり高くないのが希望ですが、ほんの３部屋と台所があってベランダも。できれば電話も……」と言うと、「わかった。この香を小さい青い急須に入れて焚くと、ジンが現れて、願いを聞いてくれよう」との答え。

　役人が言われたようにすると、あら不思議。ジンが現れました。「何なりと申しつけください」

　「小さいアパート、あんまり高くないのがほしい。ほんの３部屋と台所があってベランダも、できれば電話もあると……」。

　役人の話を聞いて、「なるほど」とジンは言いました。「あほ！　３部屋あるアパートがあれば、俺が急須の中にいると思うか！」

　中東諸国、アラブ・イスラム文化圏には、「ジン」という魔神が多くの物語に現れます。英語ではjinni, jin, ginniなどと様々につづられます。『アラビアンナイト』に出てくる魔神で、日本にも結構知られています。

　これとよく似た話が古典的な江戸小噺にもあります。私はその英語版を、国際ユーモア学会のjoke-telling　con-

第4章　今日から使えるジョーク集

test で発表しました。そのときの原稿を紹介します（第3章74ページ参照）。

There is an old Japanese joke about a greedy man who went to the shrine of his guardian spirit to pray for three wishes. First, he wanted to become a millionaire; second, he wanted to live a long life, say, 100 years; and, third, he wanted to have a beautiful mistress (or two!). After he offered prayers for one hundred consecutive nights, the guardian spirit with a long white beard appeared in his white garb and solemnly declared, " Young man, I certainly understand your wishes. But if I could grant you those kinds of wishes, I wouldn't be sitting here playing this stupid guardian spirit role."

欲深い男が、氏神様に3つの願いをかなえてほしいと、お百度参りをしました。1万両欲しい、100歳まで長生きしたい、器量のよい妾をひとり（もしくは2人！）ほしい、と。やがて満願成就の日の夜に、しずしずと現れた氏神様いわく、「まことにもっともな願いじゃが、そんなことがかなえられるぐらいなら、わしもここで氏神などしておらぬ」。

「氏神」をgodと言うのは避けたほうが賢明です。一神教の人たちは、とかく自分たちの神を唯一の神と考え、ほかは皆「異教徒の神」として軽蔑したり無視したりする傾向がありますので。代わりにここではguardianと訳しました。

その都度多少語り口は変わりますが、私はこのジョークでいつも外国の人たちを大笑いさせています。たとえば、交渉事などで「ない袖(そで)は振れない」と断りたいとき、この小噺は効果的です。

「このごろの物価上昇の激しいことったら！」と男が文句を言っています。「昨日、レストランで25ドルもするステーキを注文して、『クレジットカードで』と頼んだら、ホントにクレジットカードに乗ったよ」。

カードで払いたいときは、

Put it on my credit card.

と言います。on my credit cardを、文字通り「カードの上に乗せる」と解釈し、25ドルものステーキなのに、カードの大きさくらいしかなかったという誇張のユーモアです。

1950年代にアメリカで始まったクレジットカードの爆発的ブームで、猫も杓子(しゃくし)もクレジットカードを持つように

なりました。ところが低所得者はカードを発給してもらえず、いつも現金で払わなければなりません。そこで、

Cash is a poor man's credit card.
（現金とは、貧乏人のクレジットカード）

などと言われたものでした。
　バーなどにある「現金のみ」「カードお断り」の掲示は、

PAY CASH
CASH ONLY

のどちらかが一般的ですが、

IN GOD WE TRUST. ALL OTHERS PAY IN CASH.
（神様は信用する。ほかはみんな現金払い）

というのも何度か見かけました。"We trust in God." を強調のためにひっくり返した表現です。"IN　GOD　WE　TRUST" は、米国のドル札などにも書いてあるアメリカ人の好きな標語。

　戦前からあるアメリカの家庭漫画（4コマの cartoon）『ブロンディ』（Blondie）にあった場面です。

夫のダグウッド（実際にはなさそうな名前）が「女房のクレジットカードが盗まれてしまってね」と言います。
　友人は「それは気の毒に、困ったね」と同情すると、ダグウッドはさほど気にしていない様子。
「いいや、まったく困らないよ。泥棒がツケで買い物している額ときたら、女房が使う額よりはるかに少ないんだもの」

そんな慎ましやかな泥棒もいないでしょうが、妻にクレジットカードを与えると、じゃんじゃん買い物をされるというのはよくある話です。

ジョークは世に連れ、人に連れ
　特定の国民の一般的なイメージを笑うジョークも多く語られます。

問：イエス・キリストはユダヤ人だと、どうして証明したのだろうか？
答：30歳までずっと独身だった、父親の事業（大工）を手伝っていた、そして母親は彼を神と思い込んでいたから。

「ユダヤ人の母」（Jewish mother）は子どもを溺愛し、子どものためには何事も犠牲にするというイメージです。

第4章　今日から使えるジョーク集

日本の「教育ママ」にとても近いものがあります。

有名な「電球ジョーク」(lightbulb jokes) にこのようなものがあります。

> Q: How many Jewish mothers does it take to change a lightbulb?
> （切れた電球を取り替えるのに、ユダヤ人の母親だったら何人必要か？）
> A: None.（ひとりもいらない）

なぜなら、ユダヤ人の母親は電気代を節約して息子の学資に向けたいため、

Don't worry, son. I'll just sit in the dark.
（息子よ、かまわないよ。私は暗くていいからね）

と言って、電球を替えないから。

「電球ジョーク」は無限にあります。その中からもう1つ紹介しましょう。
　かつて女権拡張運動（feminist movement）が盛んだったころ、それを笑った男の側からのジョーク。

> Q: How many feminists does it take to

    change a lightbulb?
    （電球を取り替えるのに、フェミニストは何人必要か？）
A: What's funny about it?
    （何がおかしいのよ）

「フェミニスト運動をしている女性たちはユーモアがない」という男たちの偏見が見られます。

 ポーランド人のジョーク（Polish jokes）は、実は普遍的なものではなく、北米のポーランド系移住者とその子孫たちを茶化したジョークで、今日では politically correct（付き合い上適切）ではないとして、あまり語られません。
 それを承知した上で、1つ紹介しましょう。上記と同じく、「電球ジョーク」です。

Q: How many Polish people does it take to change a lightbulb?
    （切れた電球を取り替えるのに、ポーランド人だったら何人必要か？）
A: Five.（5人）

 ひとりが新しい電球を持ってテーブルの上に立ち、あと4人がそのテーブルの脚を持って持ち上げ、電球の下をぐるぐる回る。つまりポーランド人は、電球を自分でひねる

ことを知らないという意味。なるほど、趣味のよくないジョークですね。

PC（politically correct）の精神にもとる代表的な語は Indian（インド人ではなく、アメリカ先住民のほう）でしょう。「インディアン」はかつて、アメリカの西部劇映画の悪役でした。私がアメリカに住んでいた1950年代後半、

The only good Indians are dead Indians.
（唯一のよいインディアンとは、死んだインディアンだ）

などというひどいジョークが語られていました。

英語の慣用句でも、Indian gift（インディアンの贈り物）とは、取り返す心算の贈り物を指し、そういう意図で贈り物をする人を Indian giver とも呼んだようです。

当節は、indigenous Americans（アメリカ先住民）や first nations（最初の諸民族）などと、多少敬意を表するようになりました。最近の映画では、今までの罪滅ぼしもあって、白人たちの北米大陸侵略の犠牲者として描かれることが多くなりました。

An American Indian paid a visit to New York. While shopping in a drugstore, he got into conversation with the storekeeper,

who asked:
"And how do you like our city?"
"Fine," replied the Indian. "And how do you like our country?"

　北米先住民のひとりがニューヨークにやってきました。ドラッグストアに買い物に入ると、店の主人が話しかけてきました。
「ニューヨークは気に入ったかね」
「いいところですね。ところでアメリカは気に入りましたか？」

そうなのです。本来は白人たちの土地ではなく、先住民の国なのですから。

これに似たようなジョークがあります。
　バブル時代に日本の資本が、マンハッタンの目抜き通りの土地・建物をどんどん買い取っていたころのことです。私が覗（のぞ）いたオフ・ブロードウェイの劇場に出演していたコメディアンが、

Are there people from Japan?
（日本からのお客さんはいますか？）

と愛想を振りまき、手を挙げた人が何人かいるのを確認してから、

Welcome to YOUR country!
（あなたの国にようこそ！）

と言って笑いをとっていました。悪くないユーモアですね。

> どこかの専制主義的な国で、ある囚人が銃殺刑に処せられることになりました。凍りつくような朝（銃殺刑は早朝と相場が決まっているようです）、銃を持った兵士４人がやってきて、独房から男を出して、雨の中を、森の中の処刑場に連行していきます。
> 　長い道のりを歩かせられながら、囚人は抗議しました。
> "Aren't you ashamed of inflicting this treatment on a man you are about to shoot?"
> 「銃殺されるという男に、こんな氷のような雨の中を何キロも歩かせる仕打ちをするとは、恥を知れ」
> 　するとひとりの兵士が言い返しました。
> "What are you complaining about?" replied one soldier, "We've got to walk back!"
> 「文句を言う筋合いか。俺たちは歩いて戻らねばならないんだぞ」

日ごろ社会風刺をしているメディアも笑いの対象になります。

ひと昔前のこと。ロンドンの大新聞の社主は、貴族院議員でもありました。あるとき彼の政敵が、同紙紙上に、激越な口調でその社主を罵倒(ばとう)した投稿をしました（載せるのもえらいですが）。ところが事実誤認があったことに気がついた政敵、数日後ウェストミンスター（国会議事堂）の男子洗面所へ入ったところ、用を足しているかの社主とバッタリ。

「先日は大変申し訳ないことを書いた、事実誤認があったので、今お詫(わ)びします」

社主は答えました。「次回は、洗面所で面と向かって私を罵倒してから、新聞の紙面で謝ってほしいものですな」

こういう姿勢を、

Don't get mad; get even.
（怒るな、おあいこにしろ）

と表現します。相手があなたを痛めた程度に、痛め返す。それ以上はせず、それで決着とするという、それなりの「紛争解決」のやり方です。昔の子どもの喧嘩はみんなそうでしたが、このごろは「キレル」とかいって、過剰報復をするのが恐ろしいですね。戦争でも過剰殺戮(さつりく)（over-kill）はいけません。

ある晩のロンドン。雷雨が吹き荒れていました。ジョニー坊やは恐ろしさで目が覚め、両親の寝室に飛び込みました。
「お父さん！」と坊やは父親を揺さぶりました。「どうして雷が鳴るの？」
「だれかが大嘘をつくとね、神様が怒って雷を鳴らすんだよ」
「でもこんな時間、みんな寝てるよ」
「そうだね。でも今ごろ、『デイリーエクスプレス』を印刷している時間だね」

『デイリーエクスプレス』とはイギリスの大衆紙。この代わりに、自分が嫌いな新聞の名前を入れればすぐに使えるジョークになります。

　ジョークの本質は、ちょっとした不合理性にあります。何年も前にオーストラリアでこんなジョークを聞きました。

　　町の中を、ワニをまるで飼い犬のように手綱をつけて歩いている男がいました。町の人たちは、恐ろしい人食いワニにビックリ。やがて警官がやってきました。
「駄目じゃないか、そんな危険な動物を町中で連れて歩いていては。すぐに動物園へ連れて行きなさい」
　　男は素直に納得。動物園のほうへ、ワニと一緒に去って行きました。

さて翌日、また同じ男が同じワニを連れて通りを歩いています。騒ぎが広がり、昨日の警官がまた来ました。
「昨日命令したじゃないか、動物園へ連れて行けと」
　すると男は答えます。
「ええ、確かに昨日はこの子を動物園へ連れて行きましたよ。そしたら、あんまり喜んだんで、今日はこれから映画館へ連れて行くんです」

　長年、私はこのジョークはオーストラリア産だとばかり思っていました。ところが、国際ユーモア学会で知り合ったロシア人の学者の著書を読んでいたら、なんとワニの代わりにペンギンを連れて歩いている男というまったく同じ噺があるではありませんか。国が変わり、語り手が変わり、そして時が経てば、語り継がれたジョークは様々に変形していくものなのです。

　より身近なものと言えば、上司を題材にしたジョークでしょう。

Bosses' jokes are always funny.
（ボスのジョークは常におもしろい）

とは至言です。

第4章　今日から使えるジョーク集

　ボスが上機嫌で昼食から戻り、スタッフを集めて、今仕入れてきたばかりのジョークをいくつか、得意げに語りました。みんな大声で笑ったのに、ひとりだけ笑わない女性スタッフがいました。
　「君にはユーモアがないのかね？」とボスに問われて、女性は答えました。
　「私は笑わなくってもいいんですよ。今週いっぱいで退職するんですから」

　前出の『アラビアンナイト』に出てくる巨大な魔神ジンが、ボスのジョークにも登場します。まずは英語で読んでみましょう。

　A sales rep, an administration clerk and the manager are walking to lunch when they find an antique oil lamp. They rub it and a genie comes out in a puff of smoke.
　The genie says, "I usually only grant three wishes, so I'll give each of you just one."
　"Me first! Me first!" says the admin clerk. "I want to be in the Bahamas, driving a speedboat, without a care in the world." Poof! She's gone.
　In astonishment, "Me next! Me next!" says the sales rep. "I want to be in Hawaii, relax-

ing on the beach with my personal masseuse, an endless supply of pina coladas and the love of my life." Poof! He's gone.

"OK, you're up," the genie says to the manager.

The manager says, "I want those two back in the office immediately."

Moral of story: Always let your boss have the first say.

営業部員、総務事務員、課長の3人が、連れ立って昼食に行く途中、古い石油ランプを発見。こすってみると、一陣の煙とともにジンが出現した。

ジンいわく、「いつもは3つの願いを叶えてやるだけだから、君たちにはひとりに1つの願いを叶えてやろう」と。

「私が先よ！　私が先よ！」と総務事務員が言う。「バハマ諸島へ行って、すべてを忘れてスピードボートで海面を飛ばしたい」と。煙とともにパッと彼女は消え去った。

驚いた営業部員は、「次は僕だ！　次は僕だ！」と言った。「僕はハワイへ行って、専属マッサージ係をつけて、ピニャ・コラーダを飲み放題で、最高の恋人と一緒に浜辺でのんびりしたい！」と。パッと、彼も

消えた。
　「オーケー、次は君の番だ」とジンは課長に告げる。
　課長は「あの2人を、すぐに職場へ呼び戻してほしい」と頼んだ。

教訓： いつでも、まず第一にボスにものを言わせること。

6. 通訳・翻訳のジョーク

笑ってください

　同時通訳者として渡米したのは1956年のことでした。各地の産業人、技術者、役人など、皆とても善意に満ちた人たちでした。私たちのする通訳の仕事を珍しがり、素朴な質問もしましたが、いくつも通訳についてのジョークを聞き、それを日本語に通訳する経験をしました。

　テキサスあたりで聞いた話です。あのあたりはメキシコからの移住者、また帰化したメキシコ系アメリカ人（Mexican-Americans）の多いところです。

　　　メキシコ人の強盗殺人犯が裁判を受けています。裁判官が、盗んだ巨額の金を山の中のどこに埋めて隠したかを告白したら、極刑（死刑）は免除してやると言い、通訳がそれをスペイン語に訳しました。被告は、スペイン語で長々と詳しくしゃべりました。しかし、被告が話し終わったとき、通訳は「『被告は、覚えていない』と言いました」としか英語に訳しませんでした。

　告白した隠し場所は通訳だけが知り、被告は死刑。通訳はあとでその隠し金を掘りに行くということです。あまり

第4章 今日から使えるジョーク集

通訳者には後味のよくない話ですが。

よくある話です。

> アメリカ人がおもしろそうに長々とジョークを語り、通訳者がごく手短に日本語に訳すと、聴衆が拍手、大爆笑。スピーカーは「よくあんなに簡潔に訳せたな」と不思議に思っています。実は通訳者は、「いや、スピーカーがつまらないジョークを長々としゃべったから、笑ってやってください」と言ったのです。

その変形の1つとしては、「すみません。どうしておかしいのかよくわからないので、笑ってください」と言ったというのもあります。いずれにせよ、通訳者としてはあまりおもしろくないジョークです。

と言いながらも、実は私も昔これをやったことがあります。もう40年近く前のこと。ジュネーブで多国間通商交渉の同時通訳をしていました。顔見知りの米国代表は、あまり気の利いたジョークが言えない人でしたが、そういう人に限ってジョークを連発したがるものです。各国代表もいささか辟易(へきえき)していました。

会議も2日目。日本代表団もいささか疲れており、前の晩の内輪の慰労会で通訳者たちも慰労してもらい、皆連帯意識が生まれていました。親しさにかまけて私は通訳ブースの中から、「また何かつまらぬことを言いました。ジョ

ークの心算です」とマイクに呟いたのでした。
　何ヵ国もの代表団の中で、日本代表の席だけが爆笑。みんな不思議そうな顔をしましたが、しゃべった米国代表本人は大満悦。あとでコーヒーブレークのとき、日本代表たちのところへ来て、「やあ、私のジョークを気に入ってくれてうれしいですよ」と礼を言ったそうです。
　私が現役のプロとして若手通訳者を訓練していた当時は、「訳せません、笑ってください」などとの逃げは、ひとりの通訳者のキャリアの中で３度以上は使ってはいけないと教えていたものです。「ジョークをどう訳すか」などと、訳し方などがあるはずはなく、通訳者自身が普段からユーモア感覚を磨いておいて、話者が聴き手を笑わそうと思ってしゃべったことは、聴き手が笑うように訳すのがプロというもの。それが、サービス精神だと信じてきました。
　だから英語でいろいろな国の人たちと付き合っていても、わからないジョークは常に真剣に尋ね、納得いくまで説明を求めてきました。ナイトクラブなどのコメディも聴きに行きました。日本ではよく寄席に通いました。子どものときから落語は大好きでしたし、語り口で「間」が大切ということは、寄席で体得しました。「間」のないしゃべり方をする人を「間抜け」というと言って笑いをとった噺家もいました。

Time flies.
　ところで、通訳と違って、翻訳は地味で、それだけに揶

第4章　今日から使えるジョーク集

揄・嘲笑の対象になりやすいのは、それに携わる人たちには少々気の毒な感じがします。

Time flies like an arrow.（光陰矢の如し）

のことわざをコンピュータ翻訳にかけたら、出てきた日本語訳は「時間蠅は、矢が好きだ」となったというのは1950年代に聞いたジョークです。最近では、

Fruit flies like bananas.
（実蠅は、バナナが好きだ）

が「果物はバナナのように飛ぶ」になったというのを聞きました。「時間蠅は、矢が好きだ」の逆をいくこじつけですね。

Time flies（時は、飛ぶ）を「時間蠅」と解釈し、like（のように）を「好む」という動詞として訳すから、そうなるのでしょう。逆にfruit flies（果物を好んで寄生する「ミバエ」）を「果物が飛ぶ」と取ってしまったわけです。

しかし、そもそも「時間蠅」などという蠅がいるはずはないと考えれば、そんな誤訳をするわけがありません。どうもこのジョークは、日本人が作ったような気がします。

なお、"Time flies like an arrow." は、ことわざとして辞書にも載っていますが、昔からあった英語のことわざではありません。古い中国の表現が日本語に入った「光陰矢

の如し」を英語に直訳したものなのです。

　本来の英語のことわざは、ラテン語の Tempus fugit.（時は飛ぶ）に由来する、

Time flies.

です。

　かつて地中海ミバエ（Mediterranean fruit flies）という害虫が、日本に輸入される果物についてきて恐慌を巻き起こしたことがありました。「実蠅」と書いてくれればわかるものを、カタカナでは即座には意味がつかめません。ある国際会議で、英語を話す日本の高官が果実輸出国の人に、"You know, Mediterranean mibae?" と、「ミバエ」があたかも英語であるかのように発音していて、先方が困惑していたのを目撃したことがあります。

幻のジョーク

　ボブ・ホーク（Bob Hawke）というオーストラリアの首相がいました。魅力的な人柄でした。ACTU という豪州労働組合総評議会の指導者として、庶民・労働者たちに評判のよかった人で、彼がこうした支持者層に呼びかけるとき、議会での演説でも、いわゆる豪州訛りの英語（broad Australian accent）を話していました。

　しかし彼はローズ奨学金（Rhodes scholarship）を受けてオックスフォード大学で経済学修士号をとり、その後も

豪州国立大学（ANU）で博士課程まで進んだインテリです。オックスフォード訛りの英語を話せるのですが、それではオーストラリアでは大衆受けをしないので、英語を使い分けしていたのです。

在任中、来日されたとき、ある交渉に関し、「日本をコケにするようなことはしない」と強調しようと、

We (Australians) won't make a funny bugger of you.

という至極庶民的な表現を使ったそうです。bugger（バガー）とは「間抜け」とか「野郎」といった語感の俗語で、funny（おかしな）と並べて、まさに「日本の面子を潰すようなことはしない」という強いニュアンスの表現でした。

巷間に流布されている説によると（多分におもしろおかしく伝えられていると思いますが）、そのとき、まじめに通訳していた外交官が、「日本をユーモアのある同性愛者にはしない」（We won't make a humorous homosexual of Japan.）と訳したと言われています。bugger は卑語で「同性愛者」、特に男性の同性愛者を指します。ホーク首相の側近たちがこの発言をおもしろおかしく伝えたのでしょう。

最近行われたジョン・マッカーシー（John McCarthy）駐日豪州大使公邸でのレセプションに、たまたま訪日中だったホーク元首相が招かれていました。私が元通訳者だっ

たと大使から紹介されたホークさんは、「通訳と言えば、おもしろい話が……」と言ってこられ、上機嫌でこの話をされました。私もはじめて聞くような顔をして、「そんなことはないでしょう、通訳者はちゃんと意訳したはずです」などと異を唱えることはあえていたしませんでした。私としては皆さんが笑ってくだされば、それでいいのではないかと思うようになりました。

　それにしても、プロの通訳たらんと望む人たちは、高級なシェークスピアの英語から、庶民的な俗語・卑語までをも網羅する、様々なregister（言語の使用領域）の表現を自家薬籠中のものとしていなければいけません。

　私が特に関心が深かった「国際図書館シンポジウム」が金沢工科大学で毎年開かれていた当時、米国の連邦議会図書館（日本の国会図書館に相当）の副館長（Deputy Librarianと呼ばれるが、議会図書館ではトップの図書館専門家）のウォルシュ博士は、いつも洒脱なユーモアでみんなを喜ばせてくれていました。いよいよ退任直前の最後のスピーチ（swan songとご自分でも呼んでおられました）をするというとき、私に「今日は君が訳せるかどうか、新しいジョークを語るよ」と予告されました。

　何年も親しくさせていただいていることもあり、私はちょっとふざけて、「先生がシンポジウム参加者たちを笑わそうと思ってジョークを語られるなら、必ず皆さんを笑わせてご覧に入れましょう。しかし、もし私を茶化そうというのでしたら、笑ってもらいたくないときに笑わせます

第4章　今日から使えるジョーク集

よ」とお返事したら、「わかった、わかった、今日はやめておくよ」と言われました。
　しかし、今にして思えば、ウォルシュ先生にとっておきのジョークを語っていただくべきだったなと、少し後悔しています。

7. 言葉遊びのジョーク

なぞなぞ

　単なる語呂合わせでも、なるほどと思わせるジョークがあるものです。まずは、なぞなぞから紹介しましょう。
　次の質問に答えてください。

　　How do you get down from an elephant?

　きっと、slide down the trunk（鼻を滑り降りる）、call for a helicopter（ヘリコプターを呼ぶ）、just jump off（飛び降りる）などの答えが出たと思います。そこで私のようなイタズラ好きの出題者はこんなふうに答えるのです。

　　How silly of you. An elephant doesn't grow
　　down. You get down from geese.
　　（何言ってるの。ゾウに羽毛はないでしょ。羽毛はア
　　ヒルから取るもの）

「get down＝降りる」と考え、down に「羽毛」の意味があることを忘れているところの虚を突くのです。
　それではもう1問。

What happens if you throw a red ball into the Blue Danube?
（ドナウ川に赤いボールを投げ入れたら、どうなるか？）

答えは、

The ball gets wet.

答えはボールが赤いことやドナウ川とは関係ありません。「ボールが濡れる」。ロジックのピンを1つはずすのです。ユーモア学者たちは、これを humor of incongruity（ズレのユーモア）と呼んでいます。「ナポレオンはなぜ赤いズボン吊りをしていたのか？」「ズボンが落ちないため」という子どものジョークと同じですが、結構受けます。

girlfriend が変わった！

ここ20〜30年の間に昔と意味が変わってしまった語の1つが、girlfriend です。かつては、男性から見た女性の友人は、girlfriend と呼べましたが、当節は特定の関係（つまり、彼女、恋人）を指します。もちろん、boyfriend も同様です。「ガールフレンド」とはという話題になったときに、次のジョークを使ってみませんか？

魔女：Come on, there's a dance down the

　　　　　road. Why don't you go?
　　　　　(さー、ダンスパーティだよ。行かないのかい?)
　骸骨：I haven't anybody to go with.
　　　　　(連れがいないんだ)
　魔女：Don't you know anyone?
　　　　　(だれか知り合いはいないの?)
　骸骨：No, I haven't got a single ghoul-friend.
　　　　　(グール[食屍鬼]フレンドがひとりもいないんだ)

「グール」(ghoul)とは、東方イスラム神話・伝説で、墓をあばいて死人を喰うという悪鬼。「ガール」と「グール」は発音が似ているので、語呂合わせ(wordplay)が成立するのです。
　このジョークはPenguin Puffin Booksの子ども向けジョークの本で読んだものです。子どものためのジョークは、日本の大人にもとても役に立ちます。

What's good for the English-speaking children is good for Japanese grown-ups.

(英語圏の子どもによいものは、日本人の大人にもよい)

　これは、かつてのジェネラル・モーターズ(GM)の会長の発言を下敷きにしています。この会長は、1950年代

に米国国防長官になりましたが、「戦車を作っている業者が国防省責任者とは」と、利害関係が問題視されたとき、

What is good for the country is good for General Motors, and vice versa.
（国家にとってよいことはGMにもよいこと。その逆も然(しか)り）

と、昂然(こうぜん)と言い放ったのです。引用句辞典にも載っている名（迷？）台詞なので、覚えておくとよいでしょう。

子どものジョークに戻りましょう。

> 押し入れに骸骨（skeleton）が隠れています。そろそろパーティの時間なので、魔女（witch）が骸骨に呼びかけました。
> Come on out of the cupboard.
> （押し入れから出てきたらどうかね）
> すると、骸骨はこう答えました。
> I haven't got the face to.
> （合わせる顔がないんだよ）

悪いことや恥ずかしいことをして、面目ない、合わせる顔がないと言うときは英語でも、

do/does not have the face to see/meet...

です。なるほど、頭蓋骨(ずがいこつ)には顔がありませんね。駄洒落の好きな人（punsters）なら、ここで、「それはシャレコウベ」などと言いたいところでしょうか……。

なお、英語の慣用句で、

a/the skeleton in the cupboard/closet

とは、どこの家（組織・団体・集団）にもある、外に出せない秘密のことです。

墓碑・墓場についてのユーモアを集めた本『Grave Humor』は、墓場のユーモアと同時に深刻なユーモアという意味にもなります。

私が大好きなドロシー・パーカー（Dorothy Parker）は自分の墓碑銘に、

Excuse my dust.

と書いたそうです。人が死んで土塊になると dust。ここでは、ゴミの意味ではありません。一世を風靡(ふうび)した才媛であり、優雅な身なりの彼女が、あたかもドレスが土で汚れているのを詫びるような口調が、とても魅力的です。「お先に、お許しあそばせ」という感じです。

ここで怪談をひとつ。

第4章　今日から使えるジョーク集

　夜中、男が近道をしようと、墓場を通り抜けて歩いていました。すると、コツ、コツ、コツという音が聞こえてきます。何だか怖くなりました。歩き続けるとその音はだんだん大きくなり、恐ろしいのなんの。見ると男がひとり、墓石に屈みこんで、鑿でなにやら墓石に彫っています。
　「やれやれ助かった」、ホッとして言いました。「びっくりしましたよ。何の音かと思いました。で、何をしてるんですか」
　男は月明かりに顔を向けて、ポツリとひと言。「俺の名前のつづりが違っている……」

おもしろ番外編

　私たち日本人が英語で苦労しているとすれば、外国の人たちも日本語学習でそれなりに大変な苦労をしているのです。最近、アメリカで現地の非日系人たちを対象にした日本語検定試験の結果から、おもしろい解答例を入手しました。

　　設問：「あたかも…」を使って短い文章を書きなさい。
　　答え：レイゾウコニ、ギュウニュウガアタカモシレナイ。

　そうです。彼らは、日本語の促音（アタではなくアッタのような）がうまく発音できないのですね。

こんな例もありました。

>設問：「うってかわって」を使って短文を書いてくだ
>　　　さい。
>答え：カレは、マヤクを打って、カワってしまった。

「うってかわって」という慣用句がわからなかったのですね。笑えません。私たちもこの程度のとんちんかんな英語の間違いはよくしていることでしょう。
　そして、傑作。

>設問：「まさか…ろう」を使って短文を書いてくださ
>　　　い。
>答え：マサカリかついだ金太郎。

あとがき

　この本は、私が好きな世界のジョーク、そして、世界に通用する日本のジョークとそのユーモアある使い方についての「集大成」です。

　ケネディからクリントンまでの歴代アメリカ大統領、サミット（主要先進国首脳会議）における各国代表、そしてノーベル賞受賞者など、世界の指導的知性の方々の同時通訳を45年間してきました。その中で何よりも心に残っているのは、こうしたリーダーたちのユーモア感覚です。論旨を浮き上がらせ、また、気まずい空気の会議の緊張や敵意すら解消させるようなジョークとその語り口は強烈な印象を持って記憶しています。

　アメリカでは大統領の就任演説ですらジョークで始まります。また、意外と思われる国の方々も、私的な場だけでなく、重要な演説や交渉などで、聴き手の心と耳を引きつけるジョークを駆使しています。しかし、残念なことに日本人は、「冗談ではない」、「笑っている場合ではない」と気張っていることが多く、世界の眼には、「日本人にはユーモアがない」と映っているのです。

　天岩戸の前で滑稽な裸踊りを舞った天鈿女命を持ち出すまでもなく、日本にも古来「笑い」はたくさんありました。近くは落語が好例です。

ただ、ユーモアやジョークは、背景にある文化（歴史・伝統・習慣など）を理解しないと、すぐには笑えません。「英語」というハンディキャップの上に、こうしたハードルがあるため、世界諸国のユーモアに均霑(きんてん)できないでいるのが現状です。実はすばらしい国際性がある落語も、少なくとも文化的バックグラウンドを英語で説明できなければ、「日本人とは一緒に笑いを分かち合えない」と思われてしまいます。残念なことです。

　まず、私たち日本人は、国際性のある「ユーモア力」を高めねばなりません。その第一歩は、世界の人たちが語り、笑い合っているジョークを理解することです。わかったふりをしてニヤニヤ笑うのはやめ、「困りました」、「わかりません」と質問することです。そして笑えるようになったら、次は日本人の笑いを、海外の人たちにも楽しんでもらうよう、英語での語り口を磨くことです。

　これは遠い道程です。しかし、まず正しい方向に向かって最初の一歩を踏み出しませんか。冗談を聞いても、「ニヤニヤと笑っているがわかっていないのが日本人」（10ページ）という印象を払拭(ふっしょく)しましょう。「哲学的に分析してから笑うドイツ人」とほぼ同列ですが、「だれかが最後に笑わなければいけないんじゃないですか？」と、反論してみましょう。「最後に笑う」（laugh the last laugh）とは、英語では最終的に一番得をすることを意味するのです。

　これは、他の国の人たち全員が笑ってから一歩遅れて笑う

あとがき

　自分（日本人）を一見卑下しているように見えて、実は自分を材料に笑わせるという、国際的にも認められている高級なユーモアです。
　今年創設15年を迎える日本笑い学会（「お笑い学会」ではなく）の理事、そして10年目になる関東支部の支部長として、また今年から4年の任期で国際ユーモア学会（ISHS）の理事に選出された私としては、いつでも「笑っている場合」なのです。
　5年来理事をしている日本英語交流連盟の月例 English Club では、ユーモアのある英語でのコミュニケーション力を磨くお手伝いをしています。日本笑い学会は基本的には日本語で笑いを研究・普及する会です。そして私が主宰する NPO えむ・えむ国際交流協会では、「ユーモア」と「英語」を日本語で語り合い、一緒に研鑽する集いです。
　この本をお読みになって、まだ十分に笑えなかった方は、『笑いの研究──ユーモア・センスを磨くために』（井上宏日本笑い学会会長ほか執筆、日本実業出版社刊）をお読みください。その上で本書を再読してくださると、二度、いやもっと笑えると思います。
　私の好きな米国詩人の言葉をちょっと借用すれば、「泣けば、あなたはひとりで泣く。笑えば、世界が一緒に笑ってくれる」のです。そうです、Let's laugh with the world! 世界と一緒に笑いましょう。
　冒頭で「集大成」と書きました。「世界は象をどう見てい

るか」の主題で宿題を書かせたら……という国民性比較の有名なジョーク（167 ページ）を思い出してください。ドイツ人学生は、「象の存在とその哲学的考察」という分厚い論文を提出しましたが、よく見ると、その見出しの下に小さい字で「その概要」とあったというところで笑わせます。この本も、確かに私のユーモア研究の「集大成」ですが、実は「予告編」にしか過ぎないのです。

　最後になりましたが、この本の企画の立案者である角川書店編集部の江澤伸子さん、編集をお手伝いくださった霜村和久さん、河辺貴久子さん、加賀雅子さん、調査・校閲で協力してくださった新堂睦子さん、山田昌志さん、矢能千秋さんに感謝します。また、「英語とユーモア」の普及に向け、私が楽しく実りある第二の人生を過ごせるようにと、NPO えむ・えむ国際交流協会設立を企画推進してくださった友人・石河正樹さん、そして会員になってくださった 300 余人の個人会員と 20 社の法人会員に、心からお礼を申し上げます。

2004 年 2 月、北海道・富良野スキー場で

村松　増美

参考文献

「知的生産の技術」研究会関西支部講演会記録（2002年2月、NPO知研・関西）
Interviews@Culture Cafe（eigoTown.com）
『ダイワアーク』（2002年10月号〜2003年2月号、大和銀総合研究所）
『時事英語 Current English』（2003年2月号、研究社）
『ニュージーランド・ノート』第2号（2003年9月、東北公益文科大学ニュージーランド研究所）
『天風』11号（2003年12月、財団法人天風会）
『Webマガジン　REAL TIME』「話せる英語 笑える英語」（QUICKマネーラインテレレート）

村松増美（むらまつ　ますみ）
1930年東京都生まれ。同時通訳者。サイマル・インターナショナル社長、会長を経て、2000年に顧問を退任。現在、国際ユーモア学会理事、NPOえむ・えむ国際交流協会代表、日本笑い学会理事・関東支部長等としても活躍。著書に、『だから英語は面白い』（たちばな出版）、『秘伝英語で笑わせる ユーモア交渉術』（日経ビジネス人文庫）、『私の英語ウォッチング』（ジャパンタイムズ）等がある。

企画協力　NPO法人えむ・えむ国際交流協会
編集協力　霜村和久・河辺貴久子・加賀雅子

英語のユーモアを磨く

村松増美

二〇〇四年三月十日　初版発行

発行者　田口惠司
発行所　株式会社角川書店
　　　　東京都千代田区富士見二-十三-三
　　　　〒一〇二-八一七七
　　　　振替　〇〇一三〇-九-一九五二〇八
　　　　電話　営業　〇三-三二三八-八五二一
　　　　　　　編集　〇三-三二三八-八五五五
装丁者　緒方修一（ラーフィン・ワークショップ）
印刷所　暁印刷
製本所　株式会社コオトブックライン

落丁・乱丁本は小社受注センター読者係宛にお送りください。
送料は小社負担でお取り替えいたします。
© Masumi Muramatsu 2004 Printed in Japan
ISBN4-04-704159-9 C0282　角川oneテーマ21
B-54

角川oneテーマ21

B-18 英語「超基本」を一日30分！
尾崎哲夫

英語を徹底的にやり直し、しっかりした土台を築き上げてみませんか？ 基本の基本のポイントを再確認する新しい英語学習法。話題の20万部突破のベストセラー。

B-23 英会話「これだけ」音読一日30分！
尾崎哲夫

「超基本」からやり直す、声に出せば英語が身に付く！ 20万部のベストセラー「超基本」シリーズ待望の第2弾。圧倒的にわかりやすい、基本の基本の英会話学習法。

B-25 「超基本」の英単語
尾崎哲夫

ベストセラー「超基本」シリーズ待望の第3弾の単語編。英単語を徹底的にやり直すための必携バイブル。英語のリズムと英単語が自然に記憶に刻まれる最新英単語学習法。

B-46 英語「超応用」を一日30分！
尾崎哲夫

20万部のベストセラー！の待望の「応用編」が登場。基本の基本をマスターしたら、ワンランク上の英語をマスターしよう！ 誰でも理解できる驚異の学習法。

B-21 通勤電車の英語塾
竹村健一

アメリカ、ヨーロッパのメディア、雑誌では日本は現在どう評価されているのか？ 国際社会の状勢を踏まえながらキーワードとなる英語を選んだ英語教科書。

B-22 もっと話せる絶対英語力！
岡本浩一

やさしい会話表現の正しい使い方から、英語圏の社会マナー、ビジネス交渉までワンランク上の英会話をマスターしよう。「正確な英会話」の超最短プログラム。

B-52 英語で仕事ができますか？
——新定番！ オフィス英語便利帳
長尾和夫 ディビッド・セイン

なかなか思い付かない、うまく言えないフレーズばかり！ 大ベストセラー『これを英語で言えますか？』の著者がおくるビジネス・シーンで役立つ英語フレーズ集。

角川oneテーマ21

B-35 英語で言うとはこういうこと
片岡義男

ベストセラー『日本語の外へ』での英語論に注目を集めた小説家・片岡義男が考えるまったく新しい英語の教科書。根本的な視点から英語を学び直すための強力な一冊。

B-51 昇格する！論文を書く
宮川俊彦

30万人を超える論文を分析してきた著者が初めて明かす、昇進・昇格できる論文の書き方。実際に著者が読み、評価した大手企業の昇進昇格論文の実例を挙げながら解説。

C-72 女子少年院
魚住絹代

売春、覚醒剤、恐喝……。様々な罪を犯した少女たち。法務教官として十二年間、少女たちの矯正教育に携わった著者が綴る、非行少女たちの知られざる再生の現場。

C-59 アメリカのイラク戦略
——中東情勢とクルド問題
高橋和夫

イラクを軍事国家に育て上げたアメリカが、今、なぜイラクへの武力行使を主張するのか。イラクを巡る最新情勢とその背景にある「クルド人問題」を詳しく解説した一冊。

A-30 スルメを見てイカがわかるか！
養老孟司
茂木健一郎

『覚悟の科学者』養老孟司と『クオリアの頭脳』茂木健一郎がマジメに語った脳・言葉・社会。どこでも、いつでも通用するあたりまえの常識をマジメに説いた奇書！

A-24 警察官の現場
——ノンキャリ警察官という生き方
犀川博正

警察官に課される熾烈なノルマ、過酷な労働事情、不当な評価システム、自浄作用の及ばぬ密室体質……。勤続30年の著者が明かした隠された警察現場の実態レポート。

B-32 「漢検3級」合格速攻テクニック！
漢字力向上委員会

これで漢字検定3級をクリア！ 過去7年間のデータベースに基づいて頻度順、難易度順に出題漢字を一挙公開。試験対策も漢字力アップもこの一冊で「漢字博士」になれる！

角川書店の新書　晴山陽一の本　絶賛発売中

全国の書店で続々ベストセラー！

超速習

『英単語1500 "発音するだけ！"超速暗記術』

母音の発音別に英単語を分類。
「オー」なら「オー」と
同じ発音で脳を刺激し、
声に出して読むだけで1500の単語が
覚えられる画期的な英語の本。

晴山陽一　著　　ISBN4-04-704109-2

究極の速習

『英熟語速習術 ——イメージ記憶ですぐ身につく940熟語』

熟語についている前置詞、
副詞をもとに英熟語を徹底分類。
意味から覚えて頭を刺激し、
絶対に忘れない熟語集。
もう一歩の英語力向上のために必携。

晴山陽一　著　　ISBN4-04-704122-X

角川oneテーマ21　http://www.one.kadokawa.co.jp/

中学卒業程度の英語力で誰でもペラペラになれる釣り竿式英会話習得術
『国際人の英会話学習法』　スティーブ・ソレイシィ　著
ISBN4-04-704121-1